AF636718

CHRISTIAN HEMSCHEMEIER

Feuer & Flamme

arkana

CHRISTIAN HEMSCHEMEIER

FEUER & *FLAMME*

Warum echte Leidenschaft die Polarität von männlicher und weiblicher Energie braucht

arkana

Der Verlag behält sich die Verwertung der urheberrechtlich geschützten Inhalte dieses Werkes für Zwecke des Text- und Data-Minings nach § 44 b UrhG ausdrücklich vor. Jegliche unbefugte Nutzung ist hiermit ausgeschlossen.

MIX
Papier | Fördert gute Waldnutzung
FSC® C014496

Penguin Random House Verlagsgruppe FSC® N001967

1. Auflage
Originalausgabe
© 2023 Arkana, München
in der Penguin Random House Verlagsgruppe GmbH,
Neumarkter Straße 28, 81673 München
Lektorat: Pascal Frank
Umschlaggestaltung: ki 36 Editorial Design, München, Daniela Hofner
Umschlagmotiv: © shutterstock/Weerachai Khamfu
Autorenfotos: Christian Kerber
Satz: Satzwerk Huber, Germering
Druck und Bindung: GGP Media GmbH, Pößneck
Printed in Germany
ISBN 978-3-442-34308-9

www.arkana-verlag.de

Inhalt

Einleitung

Seit dem Jahr 2000 arbeite ich als Paartherapeut, und es ist bis heute meine große Leidenschaft. Ich liebe diese lebendige Arbeit, zumal sie häufig schnell Ergebnisse bringt. Es ist einfach ein wunderbares Setting, weil man beide Seiten in Echtzeit beobachten kann.

Von Anfang an lag mein Schwerpunkt in der Paartherapie, auch wenn ich ebenfalls Psychotherapeut bin. Das hat dazu geführt, dass ich bis heute sicherlich Paare im vierstelligen Bereich kennengelernt habe. Da bleibt natürlich einiges hängen an Erfahrungen, aber auch an Fragen. Man bleibt nur dann ein guter Psychologe, wenn man sich nie »zur Ruhe setzt«, was den aktuellen Kenntnisstand angeht, sondern immer wieder neu versucht herauszufinden, was Menschen zusammenhält – oder eben auch nicht.

Dies war zu meiner Anfangszeit besonders wichtig, da es nur relativ wenig Standardwerke zur Paartherapie gab. Auf diese Weise konnte ich immer mehr von den Paaren lernen, die ich begleiten durfte, was schließlich zu einer eigenen Ausbildungsreihe an meinem Institut für Integrative Paartherapie führte.

Vieles war mir schnell eingängig, zum Beispiel, wie man an einer effektiven und spannenden Paarkommunikation arbeiten kann. Es gab aber auch andere Themenbereiche, die sich aus den zahlreichen Paartherapien ergaben, mit denen ich überhaupt nicht gerechnet hatte. So schilderten beispielsweise immer wieder Frauen, dass der Mann ihrer Ansicht nach »kein Rückgrat« habe, nicht genug »die Führung übernehmen« würde oder schlicht nicht »männlich« genug sei. Zunächst tat ich das ein wenig als Geschlechterklischees ab, aber mit der Zeit stellte ich fest, dass sich dieses Thema quer durch alle Altersbereiche und Sozialisationen zog. Sogar eine feministische Uni-Lehrende brachte das Gleiche zum Ausdruck. Die Männer reagierten auf diese Themen meist sehr betroffen, sagten aber interessanterweise ihrerseits nicht, dass ihre Frauen nicht »weiblich« genug seien.

Ich machte mich wie immer bei solchen Fragen auf die Suche, wurde aber in Deutschland wie schon bei anderen Paarthemen damals nicht fündig. In den USA gab es jedoch schon Datingcoaches, die diese dort sogenannte »Polarität« der Geschlechter in den Fokus rückten und oft in sehr derber Weise beschrieben, was ich hier auch beobachtete.

Dazu kamen nach dem Ende meiner Langzeitbeziehung im Jahr 2013 erste Datingerfahrungen, die wieder genau diese Phänomene zeigten. Offensichtlich mochten viele Frauen es überhaupt nicht, wenn man zu »nett« oder »emotional« oder sogar »romantisch« war, obwohl man in Filmen solche Wünsche regelmäßig präsentiert bekam.

Heute, zehn Jahre später, kommt noch dazu, dass man über solche Themen aufgrund des aufgeladenen gesellschaftlichen Geschlechterdiskurses nur sehr vorsichtig reden kann. Es wird ja schon infrage gestellt, ob es überhaupt zwei Geschlechter gibt, Diversität ist (zu Recht) ein sehr wichtiges Thema geworden. Wo passt da denn noch eine Mann-Frau-Polarität rein? Wie ist das in homosexuellen Beziehungen? Haben sich die Geschlechterklischees nicht endgültig überlebt? Die kurze Antwort darauf lautet: Die Klischees haben sich vielleicht überlebt. Aber in jedem Klischee steckt leider ein wahrer Kern. Und der ist wichtiger als je zuvor – und sogar genderkonform. Das Thema Polarität ist eine Säule meiner »Lehre« geworden. Es ist aber komplexer, als es zunächst aussieht.

Kleiner Spoiler vorweg: Wir werden feststellen, dass biologisch-evolutionäre Programme unser Datingleben viel mehr bestimmen, als wir denken. Und diese stehen teilweise im Widerspruch zu aktuellen gesellschaftlichen Normen. Polarität ist das bewusste Anerkennen und Sich-fallen-Lassen in diese Dynamiken und der folgende viel höhere Genuss unserer Ursprünglichkeit in Dating und Beziehung. Zusätzlich stehen wir in der westlichen Welt vor einem monumentalen Umbruch: Mit der zunehmenden Auflösung von Beziehungsnormen sowie der Herstellung von Gleichberechtigung auf allen Ebenen kehren wir erstmals seit dem Aufkommen des Ackerbaus wieder zurück zu den vermuteten früheren Liebesmustern aus der Jäger-und-Sammler-Zeit. Das hat jetzt schon extreme Auswirkungen, und wir sollten uns darauf vorbereiten. Aber nun wollen wir uns das mal ganz in Ruhe anschauen. Ich hoffe, du bist schon so gespannt wie ich, während ich diese Zeilen schreibe.

Noch ein paar formale Anmerkungen zu diesem Buch: Gerade bei dem Thema Polarität ist es schwer, jeden Satz sprachlich zu gendern. Ich bitte daher um Verständnis, dass ich das hier unterlasse. Ich werde mich dennoch bemühen, deutlich zu machen, dass mir jeder Mensch, egal wie er sich sexuell definiert, wichtig ist und sich gemeint fühlen soll. Außerdem möchte ich dich, liebe Leserin und lieber Leser, bitten, dich nicht zu sehr an den Begriffen männlich und weiblich aufzuhängen. Eigentlich müsste man für dieses Unterfangen neue Wörter finden, da die alten so belegt sind. Ich werde viel von männlicher und weiblicher Polarität reden oder auch von (weiblichen) Yin- und (männlichen) Yang-Energien. Dies ist aber weniger in einem biologischen Sinn gemeint, sondern mehr als Ausdruck der Gegensätzlichkeit auf unserer Welt. Es gibt Tag und Nacht, Geburt und Tod, weiß und schwarz und so weiter. Alles ist auf polaren Gegensätzen aufgebaut. Ich verweise dazu auch auf mein Buch *Die neue Dimension der Liebe*. Und so gibt es eben männlich und weiblich, aber mehr als grundsätzliche Antagonisten und natürlich mit allen Übergängen dazwischen. Du könntest es auch schlicht »Energie A« und »Energie B« nennen, das wäre das Gleiche. Aber das Lesen würde so keinen Spaß machen. Und bevor hier noch jemandem der Blutdruck aus dem Ruder läuft: Wir können uns vor allem psychisch völlig frei auf dieser Skala bewegen und tun dies auch ständig. Ziel ist einfach, sich diese Möglichkeiten und deren Konsequenzen bewusst zu machen und ganz zielgerichtet in Dating und Beziehung einzusetzen.

In der Sprache gibt es den Unterschied zwischen Sexus (biologischem Geschlecht) und Genus (grammatischem Geschlecht). Diese haben nur bedingt miteinander zu tun. Eine ähnliche strikte Zweiteilung finden wir auch beim Thema dieses Buches zwischen Polarität und sexuellem Geschlecht.

Noch ein Hinweis: Viele Erkenntnisse, Analysen und Ratschläge, die ich in diesem Buch vorstellen werde, könnten vielleicht sehr herausfordernd und eine schwere Kost für dich sein. Der Mainstream gibt gewisse Sichtweisen vor, aber leider entsprechen diese »politisch korrekten« Pfade oft nicht der Realität.

Was ist Polarität?

Vielleicht hat dich der Titel dieses Buches gleich richtig »gecatcht«. Vielleicht vermisst du auch in deinen Beziehungen, zumindest den längeren, dieses Element von »Feuer und Flamme«. Vielleicht konntest du ganz intuitiv mit der »Polarität« im Untertitel spontan viel anfangen. Bevor wir im Folgenden in die extrem spannenden Themen rund um Polarität voll eintauchen, wollen wir zunächst einmal den Begriff besser definieren und fühlbar machen.

Ich möchte dich aber gleich ein wenig vorwarnen: Dieses Buch wird dein Dating- und Beziehungsleben wahrscheinlich komplett revolutionieren. Und diese Revolution wird etwas ganz anderes sein, als du vielleicht erwartest. Es wird vermutlich nicht so sein, dass dir die Erkenntnisse dieses Buches ganz neu oder fremd vorkommen (es kann aber schon sein, dass dich die Erkenntnisse der Forschung zu diesem Bereich etwas schockieren werden). Stattdessen ist zu erwarten, dass du richtig glücklich sein wirst, weil du mit diesem Buch endlich wieder die Erlaubnis bekommst, so zu daten und deine Beziehungen zu führen, wie du es zutiefst willst. Das wird wahrscheinlich sehr erleichternd sein. Gleichzeitig wirst du aber gezwungen sein, gewisse »Vorgaben des Mainstreams« infrage zu stellen – alles natürlich auf einer wissenschaftlichen Basis.

Wer sehnt sich nicht nach tiefer Leidenschaft? Fast jeder, der einmal eine (vielleicht nur kurze) leidenschaftliche Beziehung erfahren hat, wird bezaubert sein von der Intensität und dem tiefen Gefühl, lebendig zu sein und dass sich das Leben lohnt. Oft sind aber gerade diese leidenschaftlichen Beziehungen nicht die einfachsten. In »Leidenschaft« steckt völlig zu Recht das Wort »Leiden«. Tatsächlich leidet man oft mehr an diesen Verbindungen, als es schön ist, aber die kurzen Highs scheinen das Ganze aufzuwiegen. Bedauerlicherweise wird es dann häufig auch schnell etwas »toxisch«.

Auf der anderen Seite haben wir langanhaltende, »vernünftige«, eigentlich ganz zuverlässige und irgendwie auch glückliche Beziehungen. Ihnen scheint aber gerade diese Leidenschaft im Trott des Alltags abhandenzukommen. Obwohl man doch so effektiv kommuniziert und immer gewählte, inklusive und gewaltfreie Kommunikation einsetzt, wird die

Beziehung irgendwie schal. Und plötzlich tritt jemand Drittes in diese Beziehung ein, der die Leidenschaft wieder entfacht, der wieder Sehnsucht und Lebendigkeit verspricht. Leider geht das oft Hand in Hand mit geheimen Affären in zerstörerischen Beziehungsdreiecken.

Oft werden gerade diese Menschen, die als Affärenpartner infrage kommen oder sogar ausgewählt werden, als sehr »polar«, also prototypisch männlich oder weiblich, wahrgenommen, das wirkt enorm attraktiv. Diese Affärenpartner sind häufig gerade nicht vernünftig, ordentlich, zuverlässig, sondern eben – polar.

Polarität ist ein Begriff, der unter anderem aus der Chemie kommt. Er bezeichnet die Eigenschaft von Atomgruppen oder Molekülen, zwei Ladungsschwerpunkte auszubilden. Sie sind dann nicht mehr »neutral«, sondern haben eine Art Plus- und Minuspol. Das gilt vor allem für *den* Stoff unseres Lebens, das Wasser, aus dem wir zu etwa zwei Dritteln bestehen.

In der Philosophie ist Polarität das Gegenstück zur »Einheit«. Sie stellt den ewigen Dualismus des Lebens dar, der sich treffend in dem chinesischen Yin-Yang-Symbol ☯ ausdrückt. Eines kann nicht ohne das andere bestehen, wie auch schon in der Chemie ein Molekül beide Pole haben muss.

Wir können das analog auf die Polarität im Sinne von Liebesbeziehungen übertragen. Hier ist die Zweier- oder auch Dreier- oder Viererbeziehung etc. das Molekül, das eben nicht neutral ist, sondern zwei Pole hat. Und diese Pole sind, was man im weitesten Sinne mit männlich bzw. weiblich bezeichnen kann. Es ist tatsächlich nicht nur ein psychologisches Konstrukt, sondern hat auch viele biologische Anteile. Bevor man jetzt vielleicht aufgrund des vorherrschenden gesellschaftlichen Mainstreams Schnappatmung bekommt: Das heißt überhaupt nicht, dass alte toxische Rollenkonzepte aus den letzten Jahrhunderten wieder aufgerollt werden sollen. Es heißt aber auch, dass es gerade toxisch wäre (oder sogar schon ist), diese biologischen und neuropsychologischen Aspekte, die es ja offensichtlich gibt, zu verneinen.

Das Molekül ist insofern ein schönes Bild, als es nicht sagt, wo genau die beiden Pole liegen. Auch passt dieses Bild auf unsere Beziehungsrealitäten, da ja offensichtlich nicht alle Paare heterosexuell sind oder überhaupt nur zwei Menschen beinhalten. Selbst bei heterosexuellen Paaren kann es durchaus sein – und ja, ich kenne solche Paare –, dass der Mann den weiblichen Pol besetzt und die Frau den männlichen.

Der woke Mainstream fordert tatsächlich das Gegenteil (wobei ich mich frage, ob dieser in erster Linie in den Medien und Universitäten angesiedelte Mainstream tatsächlich die Mehrheit der Menschen widerspiegelt). Er verlangt eigentlich Neutralität. Erziehung soll nach Möglichkeit »genderneutral« sein. Alle Arten von Rollen sollen jederzeit verhandelbar sein. Man wird wahrscheinlich bald sein Geschlecht im Pass mit einer einfachen Willenserklärung ändern können.

Die wirklich wichtige Gleichberechtigung geht so weit, dass sie inzwischen fordert, dass Männer und Frauen gleich sind. Was das stille Örtchen angeht, ist es ja bereits so, dass es immer mehr Unisex-Toiletten gibt (wer auch immer das eigentlich will). Die Aussage ist sogar eher: Es gibt beliebig viele Geschlechter. Was im Grunde äquivalent ist zu: Es soll am besten gar keine relevanten Geschlechter mehr geben.

Dies führt aber zur Neutralität von Paaren, und jetzt kommt das eigentliche Problem, das du schon längst erahnen wirst: Neutrale Paare sind nicht polar. Was wiederum heißt: Sie verlieren ihre Leidenschaft füreinander.

Um Anziehung – eben auch sexuelle – zu haben, benötigt man zwei Pole. Das ist schon in der Physik bei zumindest der elektromagnetischen Kraft so. Es gibt keine Anziehung ohne Pole. Es braucht einen elektrischen Plus- und Minuspol oder eben den magnetischen Süd- und Nordpol.

Jetzt wirst du vielleicht gleich einwerfen: Haha, aber was ist denn zum Beispiel mit schwulen Paaren? Dazu kommen wir später noch ausführlich, aber tatsächlich berichten mir eigentlich alle queeren Menschen, mit denen ich gesprochen habe, dass es diese Pole auch in diesen Beziehungen gibt. Man nennt sie nur oft anders.

Polarität ist so eng mit Leidenschaft verbunden wie das Blut mit dem Herzschlag. Man kann beides kaum trennen. Oft ziehen wir auch die Polarität ihrem großen Gegenspieler vor, der freundschaftlichen Kompatibilität. Aber auch dazu später mehr. Meist fällt uns das polare Erleben, das wir so sehr lieben, vor allem am Anfang von Beziehungen leicht. Mit der Zeit gleichen wir uns aber oft dem Partner an, was zwar durchaus die kameradschaftliche Ebene eines Paares stärken kann, aber leider in diese Neutralität führt, in der beide am Ende jeden Tag die gleichen Jogginganzüge tragen.

Wir werden diese Pole im Laufe des Buches herausarbeiten – und ja, sie werden etwas prototypisch Männliches bzw. Weibliches haben. Weil – o Wunder! – es eine biologische Grundlage dafür gibt. Wir werden feststellen, dass es um diese jeweiligen Energien geht und nicht um die Ausprägungen konkreter Verhaltens- und Sichtweisen, die sich kulturell durchaus ändern können, wie etwa die Definition von Schönheit oder Status.

Bevor wir nun gleich richtig ins Thema einsteigen, möchte ich dich noch zu einer Meditation einladen.

Meditation: Die Polarität spüren

Nimm dir eine halbe Stunde für dich selbst und achte darauf, dass du ungestört bist. Mache es dir in einem Sessel oder im Liegen gemütlich. Noch ein Hinweis: Führe diese Übung nicht aus, wenn du dich mit deinem biologischen bzw. aktuellen Geschlecht nicht wohlfühlst.

Beobachte anfangs einfach deinen Atem, ohne etwas daran zu verändern. Lege deine Hände auf deinen Bauch und spüre, wie du ganz ruhig ein- und ausatmest. Wenn du möchtest, schließe nach einer Weile die Augen. Vielleicht wandern deine Gedanken noch hierhin und dorthin.

Lass es zu, folge ihnen weder bewusst noch kämpfe gegen sie an. Kehre immer wieder zu deinem Atem zurück.

Mach das für die Dauer von fünf Minuten oder auch länger, bis du dich ganz wohlfühlst und langsam in die Entspannung kommst.

Richte dein Gewahrsein nun auf deinen Körper. Vielleicht fühlst du schon, wie ruhige Energieströme durch ihn fließen. Gehe jetzt innerlich durch die Körperstellen, die du mit deiner körperlichen Geschlechtlichkeit verbindest. Gehe dabei nicht in sexuelle Gefühle, es geht vielmehr darum wahrzunehmen, wie du dich in deiner körperlichen Polarität erdest und wohlfühlst. Erlaube dir nach und nach, eine Dankbarkeit zu empfinden, dass du diese körperliche Liebe hier auf Erden erleben darfst.

Nun kommen wir zu einer kleinen Fantasiereise. Stelle dir vor, dass du auf einem Date bist. Du wie auch dein Gegenüber seid ganz in einem polaren Energiespiel, das sich äußerst beglückend anfühlt. Male dir aus, was das im Einzelnen für dich ganz persönlich bedeuten würde. Nimm als Leitfaden immer das, womit du dich wohlfühlst. Mache dieses Gedankendate aber nicht zu »real«, nimm eine Fantasieperson, auf keinen Fall bitte deine(n) Ex! Es geht dabei vor allem darum, in deinem inneren Film das Verbinden der Polaritäten zu spüren. Versuche, dieses Aufeinandertreffen vollauf zu genießen, spüre, wie du dich in diesem Moment absolut wohlfühlst. Bitte stelle es dir so vor, als ob es jetzt in diesem Augenblick passierte, verorte es nicht in der Zukunft oder der Vergangenheit. Mache dir keine Gedanken, ob diese Fantasie einmal für dich Realität wird (falls du sie nicht ohnehin schon erlebt hast), gehe einfach davon aus, dass es dir möglich ist, solche Erfahrungen in dein Leben zu ziehen. Gebe es einfach ab an das Universum.

Vielleicht spürst du dabei innere Widerstände, dich deiner eigenen Polarität und dem Spiel der Energien hinzugeben. Notiere dir das innerlich, damit du bei Gelegenheit dieses Bremsen analysieren kannst.

Wenn du vollkommen in dein imaginäres, polares Date eingetaucht bist, mache ein inneres Foto davon und beende anschließend die Fantasiereise. Atme wie zu Beginn noch fünf Minuten ruhig weiter, ohne deine innere Erfahrung dabei in Gedanken zu diskutieren. Versenke dich nochmals in den Moment. Dann beende die Übung.

Diese Meditation soll das polare Empfinden stärker in deinem Unbewussten verankern. Dann wirst du auch auf deinen Dates – ob in einer bestehenden Beziehung oder außerhalb davon – diese Situationen eher erkennen bzw. suchen können. Außerdem ist es eine typische Manifestationsübung, um solche Situationen in dein Leben zu ziehen.

Wenn du möchtest, kannst du diese Übung gern öfter wiederholen. Ich wünsche dir damit viel Spaß!

1

Die moderne Datingmisere und ihr übersehenes Kernproblem

Was meine Paare mir erzählen

Carina sitzt im bequemen Sessel meiner Paartherapiepraxis und schaut abschätzig auf ihren Mann Udo. Zwei Sitzungen zuvor hatte sie »gestanden«, eine Affäre mit einem Türsteher des lokalen Clubs angefangen zu haben. Fünf Minuten vorher hat sich Udo beschwert, dass er doch alles für Carina machen würde, er trage sie doch nachgerade auf Händen. Außerdem habe er doch ein vernünftiges Leben und einen sicheren Job als Lehrer, das sei doch wohl besser als ein Türsteher. Carina wirft die Hände hoch und seufzt: »Du bist einfach viel zu nett und weißt nicht, was du willst. Ich fühle ›es‹ einfach nicht mehr.« Udo starrt seine Frau fassungslos an …

Was ist hier passiert?

Tatsächlich bin ich auf das Thema Polarität erstmals durch meine Klienten gestoßen. Auch war ich etwas gehirngewaschen von den 90er-Jahren, als der »Softie«-Mann als Ideal propagiert wurde. Ich versuchte mich dem anzupassen und führte meine eigenen mäßigen Datingerfolge auf ganz andere Dinge zurück. Vielleicht war ich ja einfach nicht nett genug? Aber ich spürte irgendwie – wie übrigens die meisten Männer meines Erachtens nach –, dass irgendetwas anderes die Ursache sein musste. Man bekommt schließlich auf die eine oder andere Weise mit, auf welche Typen Frauen stehen.

Meine Paare kämpften auch mit diesen gesellschaftlichen Erwartungen, aber wie so oft in der Paartherapie wurde auch hier kein Blatt vor den Mund genommen. Besonders in Einzelgesprächen forderten vor allem Frauen immer wieder, mehr Führungskraft von ihren Männern zu sehen. Selbst Frauen, die sehr »feministische« Berufe hatten. Der Mann solle doch endlich klare Entscheidungen treffen. Er solle nicht so weich und emotional sein. Nicht so viel nachfragen, sondern einfach machen. Doch mal den Jahresurlaub organisieren. Seine Frau beschützen, zum Beispiel vor übergriffigen Familienmitgliedern.

Das hörte sich nicht danach an, als ob sich die Frauen immer den gefühlvollen Softie an ihrer Seite wünschten. Wie erwähnt war es auch kein Einzelfall, bis heute höre ich das quasi ständig in der Paartherapie. Es gibt fast nichts, was ich öfter vernehme. Das Gegenteil kam mir übrigens noch nicht zu Ohren. Klar, manche Frauen hätten gern emotional offenere Männer als Partner. Aber ich habe noch nie im Rahmen meiner therapeutischen Arbeit gehört, dass ein »Softie« gewünscht wird.

Als besonders problematisch erweisen sich diese Wünsche, wenn sich die Beziehung durch Fremdgehen ohnehin schon in einer Krise befindet. Hier folgen zwei weitere Beispiele, die zwar recht ähnliche Ausgangssituationen hatten, aber jeweils einen ganz anderen Ausgang.[1]

Ulla und Tobias sind schon viele Jahre zusammen. Sie haben zwei Kinder in der Pubertät, und zwischen Erziehung und Hausbau ist irgendwie die Ehe aus dem Fokus geraten. Ein alter Schulfreund hat Kontakt mit Ulla aufgenommen, und alte Gefühle sind wieder an die Oberfläche gekommen. Tobias hat den Anspruch, ein moderner, verständnisvoller Mann zu sein, und so versucht er zunächst einmal zu verstehen, wo Ulla gerade steht. Obwohl ich ihm rate, eine klare Grenze zu ziehen und für sich einzustehen, will er »kämpfen«. Er akzeptiert, dass er einen Nebenbuhler hat, und glaubt seine Frau »überzeugen« zu können. Er bemüht sich ganz besonders um sie und kauft ihr jetzt oft Rosen. Abends werden lange Gespräche geführt, um das Ganze »aufzuarbeiten«. Ulla findet das irgendwie gut, trotzdem wird sie immer unsicherer, was sie denn nun will. Es wäre »logisch«, bei Tobias zu bleiben, aber der alte Freund entfacht einfach so viel mehr Gefühle in ihr. Er scheint sich viel weniger um sie zu bemühen, was für Tobias keinen Sinn zu ergeben scheint. Die Paartherapie schleppt sich etwas dahin und kommt nicht wirklich voran. Ich sage beiden, dass sie aufpassen müssen, kein stabiles, unglückliches Dreieck zu kreieren, und dass es wichtig ist, bald eine Entscheidung zu treffen. Das passiert aber nicht, und so wird die Ehe trotz aller Gespräche immer unglücklicher. Ulla plant als nächsten Schritt eine »Probetrennung«.

Auch Franca und Thomas kommen zu mir, weil Franca eine dritte Person kennengelernt hat und nicht richtig weiß, wie es weitergehen soll. Thomas habe immer zu viel gearbeitet – er ist selbstständig mit einer kleinen Werbeagentur – und sie nicht richtig beachtet. Dann habe sie bei den Spaziergängen mit ihrem Hund jemanden kennengelernt. Nach und nach sei über die Gespräche immer mehr Vertrautheit entstanden, und schließlich seien sie »leider« auch einmal bei ihm im Bett gelandet. Dies habe sie Thomas dann auch erzählt. In der ersten Stunde erzählt Franca diese Geschichte relativ ungerührt und auch etwas »frech«. Thomas hört recht emotionslos zu und sagt eigentlich nur, wie sehr ihn das alles überrascht habe. In der nächsten Paarsitzung setzt Franca noch eins drauf und sinnt darüber nach, wie es denn jetzt weitergehen könnte mit ihrer Eroberung. Thomas bleibt wieder erstaunlich cool. Als er an der Reihe ist, sagt er nur ganz ruhig, aber bestimmt: »Okay, ich gebe dir jetzt eine Woche zu entscheiden. Bis dahin kannst du machen, was du willst. Wenn ich deinen Typen bei uns im Haus sehe, wird er rausfliegen. Wenn du dich in einer Woche nicht entschieden hast, bin ich weg.« Franca schnappt daraufhin erst einmal kurz nach Luft und ist offensichtlich erstaunt. Sie beschwert sich zwar kurz über den Ton, aber ihre Körpersprache drückt auch irgendwie Zufriedenheit aus. Ich bin sehr überrascht, da ich diese Reaktion von Thomas nicht hatte kommen sehen – und bin äußerst gespannt, wie es weitergeht.

In der dritten Stunde frage ich nach, wie denn ihre Geschichte weitergegangen ist. Franca sagt direkt, dass sie kurz nachgedacht und sich klar für ihren Mann entschieden habe. Natürlich gebe es jetzt noch einiges zu besprechen und auch zu verändern, aber die Grundentscheidung sei jetzt gefallen. Anders als so viele andere Klienten in ihrer Situation konnte sie sich offenbar sofort entscheiden und hatte auch keinerlei Zweifel.

Wie wirken diese Geschichten auf dich? Erstaunt dich der Ausgang? Mich nicht mehr, es ist wie vorprogrammiert. Der Mann im ersten Beispiel macht das, was er in Hollywoodfilmen gesehen oder womöglich durch Schule, Erziehung etc. gelernt hat. Er kämpft um die Frau, versucht verständnisvoll und nett zu sein und damit die Frau zu überzeugen. Dadurch ist er aber nicht in seiner männlichen Polarität (was das genau ist, dazu kommen wir noch). Die Frau signalisiert ihrerseits mit ihrem Verhalten, dass sie den Mann aus irgendwelchen Gründen nicht mehr ganz respektiert. Was dieser macht, verschlimmert die Lage nur noch. Es gibt (zumindest bei mir) folgenden Paartherapiespruch: Eine Frau zwischen zwei Männern tendiert immer zum stärkeren.

Der Mann in der zweiten Geschichte tritt zwar recht streng auf, aber seine Frau hat es ihm ja auch nicht leicht gemacht. Er bittet nicht, er bettelt nicht, sondern bezieht einfach nur völlig eindeutig Stellung. Er zeigt keinerlei Bedürftigkeit, nur Kraft. Kurz: Er macht alles richtig, und die Frau hat daher keinerlei Probleme, sich für ihn zu entscheiden.

Ich berate auch viele Singles, hier noch ein Bespiel aus diesem Bereich:

Oliver kämpft mit dem Onlinedating. Ab und zu hat er mal ein Match, und noch seltener kommt es zu einem Treffen. Und wenn es zu einem kommt, ist die Frau in aller Regel maximal »lauwarm«. Aber vor Kurzem hatte er ein richtig gutes Date, und die beiden haben sich sogar geküsst. Das Verrückte ist: Oliver hatte sich vor diesem Date nicht gut gefühlt, weil die letzte Pleite noch nicht lange her war, und so hatte er es einen Tag vorher abgesagt, ohne groß darüber nachzudenken. Zwei Tage später bekam er aber doch wieder Lust und meldete sich erneut, und zu seiner Überraschung sagte sein Match ebenfalls wieder zu. Auf dem Date war sie sehr präsent. Sie sagte ihm sogar: »Dass du das erste Date abgesagt hast, hat dich irgendwie interessant gemacht.« Oliver ist zwar froh, hat aber auch das Gefühl, all das nicht ganz zu verstehen.

Dieses letzte Beispiel ergibt vielleicht auf den ersten Blick keinen Sinn, man könnte es Zufall nennen. Ist es aber nicht. Oliver hat hinsichtlich seiner männlichen Qualitäten scheinbar nicht den besten Stand beim Dating, vielleicht textet er zu viel oder wirkt zu bedürftig. Warum wird er aber klarer wahrgenommen, wenn er ausnahmsweise ein Date ab- und wieder zusagt? Es liegt schlicht daran, dass er so in keiner Weise »needy« wirkt und damit ganz klar in seiner männlichen Polarität ist. Das abgesagte Date sendet folgende Botschaft: »Ich finde dich zwar cool, aber ich ruhe so sehr in mir, dass ich keinerlei Probleme habe, mal ein Date sausen zu lassen. Es gibt keinen Mangel. Ich habe sowieso schon viel um die Ohren. Ich habe eine Mission.« Ohne zu wollen, hat Oliver diesen »Vibe« ausgesandt. Auch sein Match hat hierüber überhaupt nicht bewusst nachgedacht. Sie hat einfach auf ihre Emotionen reagiert, womit sie sehr in der weiblichen Polarität ist.

Das soll übrigens nicht heißen, dass man Dates bewusst absagen soll – aber wenn du Polarität verstehst, bereiten dir solche Ereignisse kein Kopfzerbrechen mehr.

Polarität und Gleichberechtigung – kein Widerspruch

Bevor wir uns genauer anschauen, wie sich männliche und weibliche Polarität darstellt, müssen wir einen Zahn gleich mal ziehen.

Polares Dating ist eine Art Spiel zwischen Verführung und Hingabe, das aber an der absoluten Gleichberechtigung nicht einen Millimeter kratzt. Natürlich haben sich vor allem die Frauen oder diversen Menschen die Gleichberechtigung hart erkämpft oder tun es sogar noch. Da kann dann manchmal die Angst mitschwingen: Wenn ich jetzt in eine vielleicht »weiche« weibliche Polarität gehe, dann komme ich wieder unter die Räder und muss allein den Haushalt machen.

In den folgenden Kapiteln kann ich dir hoffentlich alle Ängste bezüglich der Polarität nehmen. Sie bedeutet in ihrer tiefsten Form, Selbstbewusstsein und klare Grenzen zu haben und gleichzeitig unterschiedliche Energien anzuerkennen. Es stimmt, dass die männliche Energie manchmal kämpferischer ist, aber du musst ja nicht 24/7 in deiner weiblichen Datingpolarität verharren. Außerdem heißt weibliche Polarität, jederzeit am Drücker zu sein. Du hast grundsätzlich immer die Kontrolle über romantische Prozesse und kannst sie an jedem Punkt stoppen. Es besteht zudem keinerlei Pflicht, eine bestimmte Polarität aktiv auszudrücken. Du darfst natürlich auch anders daten, wenn du möchtest. Die Frage ist nur, ob dir das Freude bereitet und erfüllend für dich ist.

Dass sich die weibliche Polarität manchmal softer oder nachgiebiger »anhört«, macht es heutzutage so schwer – aber auch so wichtig! –, hierüber überhaupt etwas zu schreiben. In einer gesunden Polarität verehren sich beide Geschlechter gegenseitig und wollen nur das Beste für das andere.

Ein weiteres Problem ist, dass manche Menschen sehr polar sind, aber gleichzeitig manipulativ oder egozentrisch auftreten. Dies gilt für beide Geschlechter. Trotzdem heißt polar nicht automatisch *bad guy* oder *bad girl*. Aber dazu später mehr. Wann immer du beim Lesen stockst, weil du denkst, dass gerade die Augenhöhe verloren geht – glaube mir: Es ist nicht so. Dating und Beziehung in der Polarität würdigen das andere Geschlecht bzw. die andere Polarität in all ihrer Tiefe. Richtig angewandt ist Polarität Empowerment pur!

Polarität im Wandel der letzten 80 Jahre

Als meine Eltern erwachsen wurden in den 40ern des letzten Jahrhunderts, war Polarität kein Thema, weil polares Verhalten überhaupt nicht infrage gestellt wurde. Leider war das eng verwoben mit mangelnder Gleichberechtigung der Frau, sodass es heute schwierig ist, hier genau zu trennen. Instinktiv lehnen wir diese Zeiten deswegen ab. Meine Mutter »durfte« quasi nach Eheschließung nicht weiterarbeiten in dem Job, den sie sehr geliebt hatte. Sie wollte gern, aber es wurde ihr schnell klargemacht (übrigens nicht von meinem Vater), dass sie jetzt andere Aufgaben habe. Die Rollen waren klar verteilt, und wenn man ausbrach, wies einen die Gesellschaft schnell zurecht. Vergewaltigung in der Ehe war noch nicht strafbar und die Einführung des Frauenwahlrechts nicht allzu lange her.

Aber richtig ist auch: In berühmten Hollywoodfilmen aus der Zeit mit zum Beispiel Humphrey Bogart, Clark Gable oder James Stewart ist fast durchgängig ein polares Verhalten der männlichen Darsteller zu beobachten (im Einzelnen besprechen wir das später, aber wenn man an die Filme denkt, bekommt man schnell ein Gefühl dafür). Das Gleiche trifft auf die weiblichen Pendants wie beispielsweise Ingrid Bergmann, Vivienne Leigh oder Donna Reed zu. In manchen neuen Produktionen wird das »Feeling« dieser Filme wieder aufgenommen, so etwa in der Serie *Mad Men*, die in einer fiktiven Werbeagentur der 1960er-Jahre spielt. In den alten Hollywoodfilmen sind die Frauen natürlich in die Rollen der damaligen Gesellschaft gezwängt, wirken dabei aber keineswegs »schwächlich«. Bevor ich jetzt hier anecke, nochmals der Hinweis: Moderne Polarität bedeutet keineswegs, dass man irgendwelche alten Rollenbilder übernehmen muss. Es geht vielmehr um eine bestimmte Energie und auch nur im Bereich Dating und Beziehung. Dennoch möchte ich dir empfehlen, dir solche alten Filme einmal ganz bewusst unter dem Aspekt polaren Verhaltens anzuschauen.

In den folgenden Jahrzehnten gewann zum Glück das Thema Gleichberechtigung zwischen den Geschlechtern immer mehr an Bedeutung. Leider wurde dabei das Kind mit dem Bade ausgeschüttet. Es ging nicht nur um Gleichberechtigung und Eindämmung grenzüberschreitenden Verhaltens, sondern es wurde von Männern auch erwartet, dass sie »softer« werden.

Als ich Ende der 80er- bzw. Anfang der 90er-Jahre meine ersten Datingversuche machte, gab es zum Glück noch kein Internet, was vieles erleichterte. Aber es bestand bereits eine gewisse Unsicherheit darüber, wie man sich denn nun als

Mann benehmen sollte. Erst später habe ich gelernt, wie sehr mein Verhalten bei Dates meine Erfolge schmälern sollte. Und vielen Freunden und Bekannten in meinem Umfeld ging es ähnlich.

Ich hatte bereits die gesellschaftliche Idee im Kopf, dass mit Männern irgendetwas nicht stimmt und ich besser sehr vorsichtig und »lieb« sein sollte. Natürlich fanden die Frauen das nicht sehr anziehend, aber das verstand ich damals nicht. Ich war doch der nette Junge von nebenan, wieso wollten die Mädels das denn nicht? Auch in der Universität, wo ich Psychologie studierte, wurde ich mit einem krassen Feminismus konfrontiert. Viele Seminare arteten in endlose Diskussionen aus, obwohl die Uni an sich nun wirklich kein frauenfeindlicher Ort war. Es gab auch schon damals diese »männlichen Feministen«, die selber feministische Positionen übernahmen, anstatt sich um eine männliche Weiterentwicklung zu kümmern. Dieser neue Kampf der Geschlechter fand an spezifischen Orten wie der Uni statt, aber er ging nicht so sehr darüber hinaus. Im Grunde hat sich scheinbar gar nicht so viel geändert im Vergleich zu heute, nur der »Verstärker« Social Media ist hinzugekommen.

Doch jetzt, in den 20ern des neuen Jahrtausends, ist die Entwicklung nochmals 30 Jahre weitergegangen. Die feministische Bewegung ist kontinuierlich fortgeschritten und hat auch enorme Erfolge erzielt. Wir hatten eine Kanzlerin und jetzt zum Zeitpunkt dieses Buches eine Außenministerin. Überall gibt es Genderquoten. Trotzdem hat diese Entwicklung den Kampf der Geschlechter keineswegs befriedet. Immer noch wird vehement für Frauenrechte eingetreten, fast so intensiv wie noch nie.

Das Problem aus meiner Sicht ist dabei, dass viele Frauen sich weiter als besonders schutzbedürftige Opfergruppe sehen. Das führt zwar zu mehr »Schutz«, aber man kann aus einer Opfermentalität nicht vollständig in seine Kraft kommen – mehr dazu in meinem Buch *Vom Opfer zum Gestalter*. Selbst Frauen sind sich nicht mehr so sicher, ob eine Quote wirklich die beste Idee ist. (Zum Zeitpunkt des Schreibens dieser Zeilen wird beispielsweise gerade eine Debatte um die Einführung einer Frauenquote in der CDU geführt. Dem als sehr konservativ geltenden Vorsitzenden Friedrich Merz gelang es, diese durchzusetzen, aber interessanterweise gab es viele weibliche Parteimitglieder, die dagegen waren.) Die Erfolge sind an vielen Stellen so groß, dass sich viele Männer fragen, ob sie auf dem Weg nicht irgendwo vergessen worden sind. Der alte weiße Mann hat sich für viele zum Feindbild entwickelt – er hat an allem Schuld.

Die Frauen, die sich früher von den Männern unterdrückt fühlten, treten heute sehr selbstbewusst auf. Das ist wunderbar. Aber leider kippt es gelegentlich komplett in die andere Richtung. Ich habe schon Youtube-Videos gesehen, wo offen zum Hass gegen Männer aufgerufen wurde – ohne dass von offizieller Seite eingeschritten worden wäre. Ist die Konstellation andersherum, werden solche Videos meist schnell gelöscht.

In den sozialen Medien ist Opferdenken heutzutage en vogue wie nie zuvor. Jeder sieht sich aufgrund irgendeiner Sache benachteiligt und erwartet eine Sonderbehandlung für sich. Das betrifft auch und vor allem den Kampf der Geschlechter.

Viele Frauen sammeln sich heute in »Narzissten«-Foren, wo sie sich mit großer Vehemenz und Ausdauer über all die narzisstischen Männer austauschen. Keine Frage: Es gibt einige narzisstische Männer, und Frauen leiden darunter bestimmt. Aber Frauen sind laut dem DSM-5 TR (dem aktuellen diagnostischen Manual für psychische Störungen in den USA) genauso oft narzisstisch. Und dieser Narzissmus-Vorwurf greift zudem häufig sehr schnell. Ich habe mich auch in diesen Gruppen umgesehen: Es reicht oft schon, dass ein Mann einfach nur nicht machen wollte, was die Frau von ihm verlangt hat. Doch das allein macht jemanden noch lange nicht zu einem Narzissten.

Aber auch Männer sammeln sich in Gruppen wie beispielsweise der Red Pill – zu all den genannten Bewegungen später mehr –, weil sie sich als Verlierer des Datingspiels sehen. Immer mehr Männer bleiben zudem dauerhaft ohne Partnerin und ohne Sex. In den Foren radikalisieren sie sich. Diese Männer legen zwar Wert auf ihre Polarität, selbst wenn sie das anders nennen, aber es wird leider auch ganz klar ein hohes Maß an Frauenfeindlichkeit deutlich.

Zusätzlich haben sich große Gruppen rund um das Thema Diversität gefunden. Inzwischen gibt es offiziell eine Art drittes Geschlecht, nämlich den als »divers« bezeichneten dritten Personenstand neben »männlich« und »weiblich«. Das ist grundsätzlich eine überfällige Entwicklung, die willkommen zu heißen ist. Aber auch dieser Diskurs ist etwas aus dem Ruder geraten. Es gibt mittlerweile so viele Menschen, die sich als trans sehen, dass man zwischen leidvoller Diagnose Transsexualität mit Geschlechtsdysphorie (emotionales Leiden an den eigenen Geschlechtsorganen) und Lifestyle oft kaum unterscheiden kann. Viele Behandelnde verweigern aus diesem Grund die Diagnosen, sodass Operationen für die eigentlichen Transsexuellen teilweise nicht mehr gezahlt werden. Auf Twitter gibt es äußerst skurrile Diskussionen rund um diese Themen, die alles andere als friedlich sind. Im Kontext dieser Themen entstehen auch ganz neue Begrifflichkeiten von Menschen, die ihre Geschlechtsidentität jenseits von Mann/Frau ansiedeln (»nonbinär« etc.). Die große Varianz dieser »sozialen Geschlechter« steht dabei in einem gewissen Widerspruch zu unserer Biologie, die immer noch zwei Geschlechter oder eine Mischung dazwischen vorsieht.

All diese hier nur kurz angerissenen Punkte wollen wir uns im Folgenden genauer anschauen.

Die Gillette-Werbung

Kennst du diese Momente im Leben, wo man plötzlich ein Erlebnis hat mit dem glasklaren Gefühl, dass in unserer Gesellschaft etwas gewaltig schiefläuft? Bei mir – und nicht nur bei mir – war es die 2019 ausgestrahlte Gillette-Werbung.

Gillette ist bekannt für Rasierklingen bzw. Nassrasierer. Wer noch ältere Fernsehspots dieser Marke aus den letzten Jahrzehnten des 20. Jahrhunderts kennt, der weiß, dass darin in der Regel typisch männliche Themen behandelt wurden. Bekannt war der Slogan »Für das Beste im Mann«. Ein Werbespot aus dem Jahr 1989 zeigt beispielsweise Männer in Erfolgssituationen, beruflich wie privat.[2] Nun könnte man sagen, dieser Spot bespielt Männerklischees, doch tatsächlich zeigt er vor allem das Thema »Mission« des Mannes. Und das ist, wie wir noch sehen werden, eines der Kernthemen der männlichen Polarität.

Gillette hat diesen Ansatz mit einem Werbespot aus dem Jahr 2019 überraschenderweise komplett über Bord geworfen.[3] Ich vermute, dass die Marke mit der Zeit gehen und »modern« sein wollte. Denn nun steht das Thema »toxische Männlichkeit« im Vordergrund. Keine Frage, diese gibt es natürlich. Aber dieser ganze Spot hat den Unterton, dass mit Männern *grundsätzlich* etwas nicht stimmt. Es werden Situationen gezeigt, in denen Jungs zum Beispiel kämpfen (was bei einem höheren Testosteronspiegel nicht ungewöhnlich ist). Den problematischen Höhepunkt findet der Spot, als ein

Mann einen anderen davon abhält, eine Frau auf der Straße anzusprechen. Das sendet die Botschaft: Männer sollen sich gegenseitig kontrollieren, polares Verhalten wie das aktive Zugehen auf das andere Geschlecht nicht mehr an den Tag legen.

Das ist aus meiner Sicht ein sehr gutes Beispiel für den Irrsinn, den die gegen Männer gerichteten aktuellen gesellschaftlichen Tendenzen mit sich bringen. Letztlich wirken diese nämlich sowohl gegen Männer als auch gegen Frauen. Denn wer soll denn bitte in Zukunft jemanden ansprechen? Wollen das ab jetzt etwa die Frauen tun? Ich glaube kaum. Möchte wirklich keine Frau mehr auf der Straße angesprochen werden? Klar, es gibt die Frauen auf dem Gipfel ihrer sexuellen Attraktivität (frühe Zwanziger), die immer und überall reichlich Optionen haben. Aber wenn man schon etwas älter ist, möchte man diesen spannenden Teil des Lebens wirklich auslassen? Meiner Erfahrung nach beschweren sich Frauen nur so lange darüber, ständig angesprochen zu werden, bis es gar nicht mehr passiert. Das war dann vielleicht doch nicht Ziel der Sache.

Auch einige Männer, die zu mir in die Beratung kamen, hatten Ähnliches zu berichten. Sie fanden es sowieso schon schwer, Frauen anzusprechen. Dazu gehört ja auch ein gewisser Mut. Aber jetzt verzichten sie lieber ganz darauf. Ein Mann sagte mir – und das ist beispielhaft für viele: »Ich spreche doch auf der Arbeit keine Frau mehr an, etwa im Fahrstuhl. Da habe ich doch gleich die Personalabteilung am Hals!«

Natürlich gibt es belästigende Ansprachen. Aber wenn man nicht mal mehr höflich sein Interesse bekunden kann, was ehrlich gesagt sowieso schon gegen unsere sexuelle Natur geht, wie soll man dann jemanden kennenlernen? Da bleiben nur noch Dating-Apps übrig, deren Erfolg sehr zweifelhaft ist. Oder Frauen müssten Männer ansprechen. Die Studien besagen allerdings, dass diese in aller Regel nicht den ersten Schritt machen wollen.[4] Also möchte scheinbar keiner mehr den ersten Schritt wagen. Es wird dann häufig ins Feld geführt, dass die Geschlechterrollen sich nun mal gerade im Umbruch befänden.[5] Was aber, wenn wir den Menschen künstlich etwas aufzwingen wollen (dabei bliebe jedoch die Frage, wer diese Diskussion eigentlich vorantreibt), was ihnen in der Mehrheit einfach keine Freude und Erfüllung bereitet?

Ich möchte an dieser Stelle folgende steile These aufstellen: Wir können gesellschaftlich so viel »umbrechen«, wie wir wollen. Unsere evolutionär entstandenen biologischen Leitplanken werden wir – zumindest in der Masse – nicht ablegen, weil wir hierzu schlicht nicht in der Lage sind. Und diese betreffen eben auch, was wir attraktiv finden und was wir sexuell oder romantisch suchen. Wir werden in 100 Jahren das Gleiche gut und anziehend finden, was wir vor 100 Jahren schon gut und anziehend fanden. Dabei steht außer Frage, dass die Kultur einen Einfluss hat, aber dieser ist sehr begrenzt – dazu gleich mehr. Wir können uns nur damit quälen und versuchen, »anders« zu sein in Dating und Liebe, oder wir lassen es. Das legen letztlich auch interkulturelle Studien nahe. Natürlich können wir freier werden von gesellschaftlichen Zwängen. Aber wenn die Gesellschaft jetzt neue Zwänge erlässt, dass Männer und Frauen sich bitte schön immer gleich verhalten sollen, wird das allen wenig Freude bringen.

Die Gillette-Reklame war natürlich kein Auslöser. Sie ist ein Symptom einer äußerst schrägen Entwicklung, die wir gerade erleben. Es ist ein Symptom der 4. Dimension der Liebe – mehr dazu in meinem Buch *Die neue Dimension der Liebe* –, bei dem wir exakt in die entgegengesetzte Richtung laufen als vorher. Das ist aber nicht *die* Lösung, wie das sehr konflikthafte sprachliche Gendern im Grunde schon zeigt.

Offensichtlich war Gillette nicht allzu begeistert vom Shitstorm, den der besagte Werbespot medial auslöste. Die Marke hat damit auf jeden Fall sehr viele Männer gegen sich aufgebracht und den »Mainstream« – zumindest was Männer angeht – doch falsch eingeschätzt. Aktuelle Werbungen sind vorsichtiger und nehmen das Thema toxische Männlichkeit nicht wieder auf.

2

Mehr Wokeness, weniger Datingerfolg?

Die Erweiterung der sozialen Geschlechter

Wer sich 2022 oder auch früher zum Beispiel auf Twitter umgesehen hat, kam um Erweiterungen der Geschlechter männlich/weiblich und eine ausufernde Debatte rund um Transgender-Themen nicht herum. Das ist vielleicht erst mal etwas erstaunlich, da eine »echte« Transsexualität, wie schon erwähnt, sehr selten ist.

Wenn ein Thema so in den Vordergrund tritt, gibt es bei zahlreichen Menschen offensichtlich Wünsche, die mit der bisherigen gesellschaftlichen Realität nicht übereinstimmen. Viele haben das Gefühl, dass ihnen die Gesellschaft vorgibt, wie sie sich als Frauen oder Männer zu benehmen haben. Besonders problematisch ist das natürlich, wenn die eigene sexuelle Prägung hierbei nicht ins Bild passt.

Das Thema Homosexualität steht beispielsweise schon lange im Fokus und ist inzwischen auch in der gesellschaftlichen Wahrnehmung angekommen. Dennoch gibt es immer noch enorm viel Diskriminierung in diesem Bereich. Auch spielt es sicherlich eine große Rolle, in welchem Umfeld man sich befindet. Ich bin oft in Berlin-Mitte, und da kommt man sich als heterosexueller Mann schon fast langweilig vor. In einem kleinen Dorf irgendwo im Nirgendwo mag das noch anders aussehen. Grundsätzlich habe ich aber schon den Eindruck, dass sich in Bezug auf die gesellschaftliche Akzeptanz von Homosexualität sehr viel verändert hat.

Aber auch Homosexualität ist schon fast wieder aus dem Fokus geraten, und das ganze breitere Thema Diversität tritt immer mehr in die Wahrnehmung. Es gibt in den sozialen Medien ausufernde Debatten über Transsexualität, obwohl diese »Störung« – so wurde diese Geschlechtsidentifikation ursprünglich betrachtet – sehr selten ist. Heute bezeichnet die Weltgesundheitsorganisation (WHO) sie nicht mehr als Störung, sondern als »Varianz«. Das ergibt insofern keinen Sinn, als eine echte Transsexualität extrem viel Leiden verursacht, da das Leitsymptom ja eben die Ablehnung der eigenen Geschlechtsorgane ist.

Transsexualität

Man spricht bei folgenden Merkmalen von Transsexualität oder Geschlechtsdysphorie:

- Es wird gern Kleidung des anderen Geschlechts angezogen (Crossdressing).
- Man sieht sich als das andere Geschlecht.
- Es wird an stereotypen Spielen des anderen Geschlechts teilgenommen.
- Und vor allem: Es bestehen ausgeprägte negative Gefühle gegenüber den eigenen Genitalien.

Das Problem ist, dass es generell gelegentlich in der Pubertät zu einer gewissen Orientierungslosigkeit in Bezug auf die eigene Sexualität kommen kann. Noch viel mehr ist das der Fall, wenn konkrete Störungen in der psychischen Verfassung vorliegen. Deshalb wurde bisher zunächst einmal eine Psychotherapie empfohlen (was für bis zu 98 Prozent der Fälle auch ausreichend war). Ab dem 16. Lebensjahr wurde bei entsprechenden Gutachten und Diagnosen gegebenenfalls mit körperlichen Therapien angefangen. Dazu gehört die Verschreibung entsprechender Hormone und zu einem späteren Zeitpunkt die Möglichkeit einer geschlechtsangleichenden Operation.

Es wird sehr kontrovers diskutiert, ob wir gerade einen »Transhype« erleben, der durch eine einseitige Übernahme von Transgenderideologien im öffentlich-rechtlichen Rundfunk (ÖRR) entstanden ist.[6] Fakt ist, dass sich in Deutschland die Anzahl der wegen Geschlechtsdysphorie behandelten Kinder und Jugendlichen in den letzten zehn Jahren verfünfundzwanzigfacht haben.[7] Besondere Brisanz hat das Thema, weil die gegenwärtige Ampelkoalition das Alter für geschlechtsangleichende Maßnahmen auf 14 Jahre heruntersetzen will und diese auch gegen den Willen der Eltern möglich sein sollen.

Transsexualität wird zwar oft in einem Atemzug mit biologischer Intersexualität genannt, aber die beiden haben praktisch nichts miteinander zu tun. Denn Intersexuelle fühlen sich sehr wohl in der Regel von Geburt an einem Geschlecht zugehörig.

Transsexuelle Menschen wollen im Gegenzug dazu von Geschlecht A zu Geschlecht B wechseln (»trans« heißt auf Latein »hinüber«). Insofern stellen Transsexuelle auch nicht die Existenz von zwei biologischen Geschlechtern infrage. Meines Erachtens stärken sie das binäre System sogar. Denn wenn die Geschlechtsmerkmale egal wären, dann müsste man sie ja nicht in extrem aufwändigen Operationen angleichen. Das Ziel ist nicht ein »diverses« Geschlecht.

Für unsere Frage der Polarität in Liebesbeziehungen sind diese Entwicklungen zwar spannend oder auch beunruhigend, aber – vielleicht überraschenderweise – nicht wirklich relevant. Es ist dennoch wichtig, sich das einmal klar vor Augen zu führen, weil ansonsten die Gefahr besteht, dass das Thema Polarität gleich mit über Bord geht. Denn wenn die

Geschlechter nach der Vorstellung des gegenwärtigen Mainstreams so unendlich sind, wie soll es da zwei Datingpolaritäten geben? Tatsächlich leben wir aber tagtäglich aus diesen Polaritäten, und wenn man das System einmal verstanden hat, sieht man das auch überall bestätigt. Aus meiner Sicht musst du nur deine bevorzugte Datingpolarität herausfinden, und die ist in letzter Konsequenz nicht abhängig von deinem sozialen oder biologischen Geschlecht.

Auf den Social-Media-Diskussionsflächen sieht man einen gleitenden Übergang zwischen Transthemen und dem Phänomen nonbinäre Geschlechtsidentität. Ob diese Vermischung den wirklich an ihrer Transsexualität leidenden Menschen so recht ist, sei dahingestellt. Aber was hat es denn nun mit »nonbinär« oder »enby« (englische Abkürzung für »non-binary«) auf sich?

Nonbinarität

Menschen, die sich als nonbinär bezeichnen, sehen sich als außerhalb des binären Zweiersystems von Frau und Mann stehend. Sie gehören zum »Trans«-Bereich, was »traditionelle« Transsexuelle mit oft lebenslanger – zumindest bis zur geschlechtsangleichenden Operation – Geschlechtsdysphorie nicht immer gut finden. Nonbinäre Menschen sind oftmals überhaupt nicht von außen erkennbar, schon gar nicht an äußeren Geschlechtsmerkmalen. Während Transsexuelle ja gerade zu einem anderen Geschlecht *hin* wollen, entziehen nonbinäre Personen sich diesem System. Innerhalb dieser Gruppe gibt es inzwischen Dutzende neue Begriffe von zum Beispiel »agender« (zu keinem Geschlecht gehörig) über »genderfluid« (das Geschlecht wechselt situations- oder zeitabhängig) zu »pangender« (geschlechtsübergreifend).

Für mich irritierend ist dabei, wie sehr das oft in den sozialen Medien geradezu zelebriert wird. Ich habe den Eindruck, dass es dabei häufig auch um den Versuch geht, besonders zu sein und zu einer herausragenden Gruppe zu gehören. Dagegen ist zunächst einmal nichts einzuwenden. Problematisch wird es allerdings, wenn anderen Menschen aufgezwungen wird, wie man damit umzugehen hat, zum Beispiel durch das Erfragen und Benutzen von Neopronomen. Diese Begriffe suggerieren zudem eine besondere Haltung bei der Wahl von Partnern, die sich in der Realität so dann nicht darstellt. Letztlich ist eine Partnerwahl dann oft homo- oder bisexuell, unterscheidet sich davon aber auch nicht. Da frage ich mich schon, ob die neuen Begriffe wirklich notwendig sind. Außerdem führt die Beschäftigung mit Nonbinarität paradoxerweise gerade zu einer Betonung von Geschlechtsstereotypen, die man logischerweise erst einmal definieren muss, bevor man sich von ihnen abgrenzen kann.

Tatsächlich ist auch das Label »nonbinär« komplett kompatibel mit unseren Betrachtungen zur Polarität. Auch hier gehen wir davon aus, dass die jeweilige Person ihre gerade aktive Polarität je nach Anforderung wechseln kann. Die Frage ist nur, was sie glücklich macht. Ich kann die positive Intention sehen, dass man auf diese Freiheit hinweisen möchte. Ich kann verstehen, dass man sich von einengenden Geschlechtsstereotypen lösen möchte. Diese gesellschaftlichen oder sogar spirituellen Prozesse habe ich in meinem letzten Buch *Die neue Dimension der Liebe* schon ausführlich behandelt. Das ist auch bestimmt sehr hilfreich.

Dennoch sehe ich das Thema auf der anderen Seite als sehr kritisch. Aus meiner Sicht ist nämlich jeder Mensch auf eine Art nonbinär, und das bedarf für viele auch keiner weiteren Fokussierung. Jeder Mensch kann anziehen, was er will, und kann geschlechtsstereotype Handlungen ausführen, wie er will. Auch die Polarität, in der wir daten, ist völlig frei wählbar. Wir können nur nicht entscheiden, was wir *wollen*. Das heißt: Wir können nicht entscheiden, welche Energien uns wirklich glücklich machen. Das müssen wir selbst herausfinden, jeder für sich. Die Gesellschaft kann uns das nicht abnehmen. Insofern ist es gut, dass wir heute die Freiheit dazu haben (und vielleicht muss man an der einen oder anderen Stelle auch noch dafür kämpfen). Aber es ist eigentlich nichts fundamental Neues.

Ich habe überhaupt kein Problem damit, dass man sozial von zahlreichen Geschlechtern redet. (Ob das wirklich sinnvoll ist, mag dahingestellt sein. Ich denke, die rechtlichen drei Geschlechter m/w/d sollten reichen.) Aber meine These ist ganz klar: Im Bereich Dating und Beziehung gibt es genau zwei Polaritäten, wie auch immer man diese nennt. Du kannst natürlich versuchen, diese zu mischen, wie du willst. Es wird dir aber keine Freude machen, wenn du das nur vom Kopf her tust und du es nicht wirklich fühlst.

Soziale versus biologische Geschlechter

Gibt es denn nun eindeutige biologische Geschlechter? Diese überaus simple Frage erweist sich schnell als ziemlich kompliziert. Es gibt nämlich verschiedene körperliche Aspekte des biologischen Geschlechtes, die zwar häufig oder sogar in der Regel übereinstimmen, aber eben nicht immer.

Warum gibt es überhaupt eine sexuelle Fortpflanzung? Zunächst hat sich auf der Erde die asexuelle Vermehrung entwickelt, bei der sich genetisch identische Nachkommen entwickeln. Diese gibt es heute auch noch, aber oft praktizieren diese Lebewesen zusätzlich die sexuelle Vermehrung, hierzu zählen beispielsweise Seeanemonen.

Die sexuelle Vermehrung, bei der sich die genetischen Informationen von zwei Lebewesen rekombinieren, hat sich weitgehend durchgesetzt. Sie scheint also erhebliche Vorteile mit sich zu bringen. Insbesondere wenn es Mechanismen der Partnerwahl gibt, die erfolgversprechende Kombinationen bevorzugen. Doch diese Form der Reproduktion geht auch mit hohen »Kosten« einher, so kann die Hälfte der Population beispielsweise keine Nachkommen »produzieren«.

Dabei sind im Tierreich nicht alle Arten geschlechtlich festgelegt. Viele Tiere, zum Beispiel zahlreiche Fischarten, wechseln das Geschlecht regelhaft.

Welche geschlechtlichen Aspekte gibt es also?

Zunächst gibt es das genetische Geschlecht. Im »Normalfall« bildet ein XX-Chromosom das weibliche Geschlecht aus und das XY-Chromosom das männliche. Aus diesen Chromosomensätzen entwickeln sich dann aufgrund der entsprechenden Hormone die primären und sekundären anatomischen Geschlechtsmerkmale.

Die primären Geschlechtsmerkmale dienen unter anderem zur Herstellung weiblicher Eizellen (stationär, nährstoffreich) und männlicher Spermien (beweglich, nährstoffarm). Insofern gibt es zusätzlich zu dem genetischen auch ein hormonelles und ein anatomisches Geschlecht.

Auf allen drei genannten Ebenen kann es zu Störungen oder einfach Abweichungen der Geschlechtsentwicklung kommen, die dann zum Beispiel dazu führen, dass von außen nicht sicher ein Geschlecht bestimmt werden kann. Früher wurden dann schon im Säuglingsalter Operationen durchgeführt, die diese Eindeutigkeit herstellen sollten. Sie sind heute allerdings verboten.

Daneben kann es zu Uneindeutigkeiten kommen, wenn das genetische und das hormonelle Geschlecht nicht übereinstimmen. Es werden bei manchen Abweichungen beispielsweise männliche Hormone produziert, dem Körper fehlen aber die Andockstellen dazu. Dann bilden sich weibliche Geschlechtsmerkmale aus, obwohl das genetische Geschlecht männlich ist.

Biologisch kann man dies als Abweichungen oder Varianten sehen, die man oft Intersexualität nennt. Diese konstruieren aber biologisch kein drittes Geschlecht. Ob dies nun eine »Störung« oder eine spannende Abweichung ist, das muss wohl jeder für sich selbst definieren. Diese Intersexualität führt dabei in der Regel dazu, dass die Geschlechtsorgane nicht wie »geplant« funktionieren. Die entsprechenden Menschen sehen sich allerdings in der Mehrzahl keineswegs als nonbinär, sondern als klar einem Geschlecht zugehörig an. Wie schon erwähnt gibt es in Deutschland mittlerweile die Möglichkeit, im Personalausweis »divers« als Geschlecht eintragen zu lassen. Dies nutzen aber nur extrem wenige Menschen. Bis Ende 2020 wurden nur 19 Neugeborene als divers eingetragen.[8] Auch Intersexualität ist eher eine Randerscheinung. Die Häufigkeit liegt bei etwa 1:5000.

Divers hin oder her: Es gibt beim Menschen und insgesamt in der Biologie maximal zwei Geschlechter. Natürlich existieren wie beschrieben Grautöne oder Zwischenstufen. Aber es gibt nur zwei menschliche Gameten (Keimzellen) und keine dritte. Zwei davon – und genau zwei – braucht es zur Fortpflanzung. Diese Anmerkung erscheint dir vielleicht redundant. Aber tatsächlich entzünden sich endlose Twitterdiskussionen darüber, und es wurden sogar schon Vorträge dazu »gecancelt«.

Mich erinnert das Thema an meine Diplomarbeit. Wir brauchten für die Studie Rechtshänder, da wir die Hemisphärenspezialisierung im Gehirn untersuchten. Also haben wir viele vermeintliche Rechtshänder angesprochen. In einem Händigkeitstest stellte sich dann aber oft heraus, dass einige beidhändig waren, ohne dies zu wissen. Auch in diesem Fall gibt es nur rechts oder links und unendlich viele Varianten. Aber wir haben nur zwei Arme.

Warum ist das alles so wichtig? Bei der Datingpolarität haben wir tatsächlich die Wahl. Wir können aus einer männlichen oder weiblichen Polarität handeln (im Sinne eines sozialen Geschlechts). Tatsächlich ist zumindest die heterosexuelle Datingwelt aber viel simpler, als man vielleicht denkt. Denn die meisten Menschen möchten in der Polarität ihres jeweiligen biologischen Geschlechts sein. Und auch hier gibt es meiner Ansicht nach nur diese zwei Polaritäten. Mit unendlich vielen Übergängen. Die Wahl ist aber für den Großteil der Menschen eine eher theoretische Möglichkeit. Man fühlt sich nämlich oft nur in einer Polarität wirklich wohl beim Dating.

Noch kurz ein Wort zu dem Begriff »zugewiesenes Geschlecht«, der heute gern verwendet wird. Damit wird ausgedrückt, dass das Geschlecht nicht immer hundertprozentig klar ist, zum Beispiel bei der Geburt, aber ein Geschlecht »zugewiesen« wird. Für mich ist das auch so eine Art Orwell'scher »Neusprech«. Wenn ein Paar lieber einen Jungen als ein Mädchen will, wird man diesem biologischen Mädchen wohl kaum ein anderes Geschlecht als Junge »zuweisen«. Sicherlich gibt es in den schon beschriebenen wenigen Fällen tatsächlich »Zuweisungen«. In aller Regel ist das Ganze aber völlig evident. Was nicht heißt, dass man sich später im Leben nicht in anderen Rollen ausleben möchte. In besonderen Fällen kann das bedeuten, dass man auch körperlich soweit möglich im anderen Geschlecht leben will (Transgender und/oder Transsexualität). Das tut aber zu unserer Abhandlung hier überhaupt nichts zur Sache, und daher gehe ich auf dieses gerade extrem aufgeladene Thema nicht weiter ein.

Für uns ist die Diskussion wichtig, da auch die Polarität binär ist, wenn auch nicht ganz so abgegrenzt wie im biologischen Bereich. Die Verwirrung entsteht meist aus der Gleichsetzung der sozialen Geschlechter (englisch: *gender*) mit den biologischen Geschlechtern (englisch: *sex*).

Dennoch halte ich die sozialen Geschlechter für sehr wichtig. Wenn man sich als außerhalb dieses Spektrums definieren möchte, zum Beispiel als agender, sollte dies auch problemlos möglich sein. Es führt nur immer wieder zu Verwirrung beim Dating, wenn man dies nach bestimmten verstandesmäßigen oder gesellschaftlichen Konzepten durchführen möchte. Wie wir uns gegenseitig zur körperlichen Liebe finden, ist in höherem Maße vorgeplant, als wir uns das vorstellen können. Das Wissen darüber ist befreiend, weil man nur dann wirklich spielen kann mit diesen eingebauten »Datingprogrammen«.

Inwieweit die Biologie auch auf unsere präferierte Datingpolarität einwirkt, das ist unklar und bedarf wohl noch einiger

Forschung. Ich halte es beispielsweise durchaus für möglich, dass eine chromosomale Frau in manchen Fällen über besonders viel Testosteron verfügt. Das ändert dann vielleicht nichts an ihrer Hetero- oder Homosexualität, aber könnte sehr gut zu einer bevorzugten eigenen männlichen Polarität führen.

Folgen des aktuellen Diskurses auf Beziehungen

Wenn wir uns die aktuellen Diskussionen zum Thema Gleichberechtigung der Geschlechter anschauen, können wir viele Stimmen erkennen, die unterschiedliches Verhalten in Dating und Beziehung für altmodisch und überholt halten. In einer Studie wurde ein besonders eingängiges Beispiel eines typisch konservativen Rollenverhaltens untersucht: Soll der Mann beim ersten Date die Rechnung übernehmen?[9] Tatsächlich fand man in der jüngeren Generation zwar ein abnehmendes Interesse daran, dennoch wünschte sich die Mehrheit der befragten Frauen ein traditionelles Rollenverhalten. Auch wenn viele Studienteilnehmerinnen die Rechnung gern teilen würden, fanden sich nur sehr wenige Frauen, die die Rechnung ganz übernehmen würden.

Das ist ein wenig die Krux bei vielen derartigen Fragen. Die Gesellschaft propagiert aus dem emanzipatorischen Impuls heraus den Wunsch nach der absoluten Gleichheit der Datingpartner. Im Idealfall sollten Männer auch gebären und stillen können. Aber das entspricht einfach nicht der Realität. Wir stehen nicht nur unter dem Einfluss von Erziehung und Gesellschaft, sondern auch unter dem Einfluss unserer Sexualhormone und dessen, was sie aus uns gemacht haben. Und der Einfluss der Biologie zieht sich nicht nur durch unsere Körperlichkeit, sondern ebenso durch unsere Verhaltensweisen und vor allem auch durch das, was wir *anziehend* finden. Hierauf haben wir weniger Einfluss, als wir gern hätten.

Man muss nur aufpassen, dass man die einzelne Person nicht mit dem Mittelwert aller Frauen oder Männer gleichsetzt. Wenn sich beispielsweise 98 Prozent der Frauen wünschen, dass ihr Mann Rückgrat hat und sich nicht alles bieten lässt, kann das trotzdem bei den übrigen 2 Prozent anders sein. Außerdem sind Praktiken wie das Bezahlen beim ersten Date »nur« kulturelle Hinweise auf tieferliegende Wünsche. Wie wir in den nächsten Kapiteln genauer herausarbeiten werden, bevorzugen Frauen zum Beispiel Männer, die einen guten Zugang zu Ressourcen haben. Ebendies wird symbolisiert durch das Bezahlen beim ersten Date. Auch wenn man sich darauf einigt, die Rechnung zu teilen, wird dieser darunterliegende Wunsch nicht aufhören zu existieren, da er tief in unserem Datingprogramm verankert ist.

In ganz vielen Paartherapien haben sich diese Konflikte gezeigt. Die paritätische Gesellschaft sagt, beide Partner können ihr Verhalten frei wählen, und alles ist gleichermaßen in Ordnung. Wenn dann aber der Mann sehr emotional ist, immer wieder seine Frau fragt, was er denn jetzt machen soll, und sehr anhänglich ist, dann sollte dieses Verhalten doch auch anziehend auf die Frau wirken – oder? Wie man sich denken kann, ist das überhaupt nicht der Fall. Ein Mann, der sich dauerhaft so verhält, wird seine Attraktivität in den Augen seiner Partnerin unweigerlich einbüßen (zumindest wenn die Polaritäten entsprechend verteilt sind). Das gilt selbst dann, wenn die Frau das nicht will und sich sagt, das ist doch heute »modern«.

Dies ist nur eines von vielen Beispielen. Die Gleichmacherei zerstört leider oft den inneren Zugang zu dem, was man wirklich will. Daraus entstehen subtile Unzufriedenheiten, die sich immer weiter anhäufen.

Mich hat es als Paartherapeut stets regelrecht traurig gemacht, wenn ich Paare betreute, die verzweifelt versuchten, »modern« zu sein und das zu wollen, was der gesellschaftliche Mainstream vorgibt. Und die damit einfach unglücklich wurden. Das Festhalten an normativen Vorstellungen der Gesellschaft gab es natürlich schon immer. Früher musste man vielleicht lange in einer Ehe ausharren, weil es einfach nicht die Möglichkeit zu einer Scheidung gab. Das geht heute zum Glück wie ebenfalls vieles andere mehr, wenn es auch scheint, dass wir diese ganzen Freiheiten, die wir nun haben, manchmal gar nicht richtig schätzen können.

Aktuell ist es das Verharren in dem Mindset, das besagt, alles sei gleich. Wenn es nur um Gleichberechtigung gehen würde, wäre alles in Ordnung. Aber dieser fast schon irrsinnige Versuch, uns von unseren inneren Datingmustern zu lösen, kann einfach nicht funktionieren. Es geht nicht darum, die Zeit zurückzudrehen und wieder in alte, überwundene gesellschaftliche Muster zu verfallen, oder um die Frage, wer das Bad putzt. Es geht um tief in unsere Psyche eingravierte Archetypen von femininen und maskulinen Energien, die uns auf ewig faszinieren. Wir nehmen uns wirklich die Freude, die Erfüllung und den Spaß, wenn wir diese ignorieren.

Ich würde sogar so weit gehen zu sagen, dass viele Paarberatungen keinen Erfolg haben können, wenn das Thema Polarität nicht bearbeitet wird. Zumindest bei den Paaren, denen die Beziehung zu langweilig und leidenschaftslos geworden ist.

Beziehungserwartungen an Männer und Frauen

Noch nie waren die an Beziehungen gestellten Erwartungen so hoch wie heute, sie steigern sich geradezu ins Unermessliche. Während früher wirtschaftliche Aspekte deutlich im Vordergrund standen und man froh war, irgendwie über die Runden zu kommen, sollen uns Beziehungen heute glücklich machen. Das hört sich harmlos an, aber da Glück für jeden etwas anderes bedeuten und auch jeden Tag eine andere Form annehmen kann, muss eine solche Verbindung ein Tausendsassa sein. Mal spannend, mal aufregend, mal still im Hintergrund, mal beruhigend, mal versorgend.

Das allein ist schon ein hoher Anspruch. Ich spreche in diesem Zusammenhang immer gern von der neuen Religion »Liebe«, die unsere Sehnsüchte endlich stillen soll. Dazu kommen aber auch hohe Ansprüche an die Einzelnen. Sie entstehen unter anderem daraus, dass unsere Partner sowohl die Anforderungen der Gesellschaft erfüllen sollen (diese sind uns sehr bewusst) als auch die oft unbewussten Erwartungen, die sich aus unserem biologischen Programm ergeben (dazu später mehr).

So sollen Männer idealerweise nett, sensibel, verantwortungsvoll und woke sein. Da das aber ein wenig »abturnt« auf die Dauer, sollen die gleichen Männer unvorhersehbar, wild und ein bisschen unerreichbar sein. In einer Datingshow im Fernsehen habe ich in diesem Kontext folgenden wirklich bemerkenswerten Satz von einer Frau gehört: »Ich stehe nicht auf Männer, die nur auf mich stehen.«

Aber auch die Frauen haben es natürlich nicht leicht. Sie sollen idealerweise nicht nur Heilige und Hure sein, sondern gleichzeitig die perfekte Mutter und die beste Freundin. Auch Männer lassen sich gern ablenken und laufen oft dem hinterher, was sie gerade nicht haben.

Wir alle wollen am liebsten rund um die Uhr Rosamunde Pilcher in unseren Beziehungen. Aber Rosamunde-Pilcher-Filme hören nicht ohne Grund bereits am Anfang der Verliebtheitsphase auf. In dieser Phase scheint alles zu passen, doch nur, weil die Verliebtheitshormone alles passend machen.

Der Punkt ist: Wir machen alles kaputt, wenn wir derart hohe Erwartungen haben. Das Leben funktioniert so einfach nicht. Eine Verbindung ist keine Droge, die uns ständig high macht. Es muss auch mal ein Ab geben, damit wir das Auf umso mehr genießen können. Wichtig ist nur, dass die Ausschläge nicht zu hoch sind. Was viele aber immer wieder versuchen, ist, eine ruhige, stabile und sichere Beziehung mit Abwechslung, Aufregung und Abenteuer zu kombinieren. Und das endet dann leider oft in geheimen Affären. Bedauerlicherweise entspricht dies zwar durchaus unseren Sexualstrategien, aber nicht mehr dem Bewusstseinszustand, auf den wir uns hin entwickeln wollen (hoffe ich zumindest).

Ich denke, es geht heute darum, ganz klar bewusste Entscheidungen zu treffen. Wenn mir die Beziehung zu langweilig und ruhig ist, kann ich mich für eine neue Singlezeit entscheiden. Ich muss dann aber die Konsequenzen tragen. Und andersherum gilt das genauso. Wir dürfen immer wieder entscheiden, ob wir eine Beziehung in die Tiefe entwickeln und Freiheit dann auch neu definieren oder ob wir in die Breite gehen und das Leben in aller Abwechslung genießen wollen. Beides lässt sich in dieser Dimension – auf die verschiedenen Dimensionen kommen wir am Ende des Buches ausführlich zu sprechen – aber nicht dauerhaft vereinen. Wir leben nicht in Seelenwelten, sondern in der physischen Realität, in der man wählen darf bzw. muss und nicht alles gleichzeitig haben kann.

Mein Ziel ist es, unter anderem mit diesem Buch wichtiges Wissen über unser Dating- und Beziehungsleben zu vermitteln, bei dem gesellschaftliche Überformungen und jahrtausendealte Datingprogramme einen wunderbaren Tanz ausüben. Ich möchte dich *bewusster* machen, damit du mit deinem Körper und deiner Psyche spielen und verantwortungsbewusst die Richtung vorgeben kannst. Das ist für mich *wirklich* moderne Liebe.

Female Choice

Der Begriff Female Choice wird ab jetzt wiederholt auftauchen. Er stammt aus der Biologie und besagt schlicht: Das Weibchen ist in der Partnerwahl wählerischer als das Männchen. Viel mehr bedeutet er eigentlich nicht, aber dahinter steckt trotzdem ganz viel.

Die Female Choice zieht sich als dominantes Muster quer durch fast das ganze Tierreich. Die Wissenschaft erklärt sie sich so, dass das Geschlecht mit den höheren »Kosten« der Fortpflanzung gewissenhafter aussucht. Der Mensch bietet hierfür ein gutes Beispiel. Eine Frau hat nur eine begrenzte Zahl Eizellen. Diese sind nährstoffreich und eher unbeweglich. Sie kann nur maximal einmal im Jahr schwanger werden. Die Schwangerschaft ist sehr aufwendig und dauert über neun Monate. Auch die Stillzeit ist extrem fordernd. Der Mann hingegen hat eine hohe, immer wieder nachproduzierte Zahl an Spermien, die sehr beweglich sind. Er trägt fast keinerlei Kosten für die Fortpflanzung, zumindest biologisch gesehen.

Da der Mann aber gebraucht wird, hat die Evolution für den Menschen ein enges romantisches Bindungssystem vorgesehen, das wie eine innere »Sucht« wirken kann, uns aber auch viel Freude macht.

Die große Frage ist nun, wie *sehr* Frauen wählerischer sind. Insgesamt kann man davon ausgehen, dass der Mensch nicht zu den Wesen gehört, bei denen es die Männchen am allerschwersten haben. Denn dann unterscheidet sich die Körperphysiognomie der Männchen meist deutlich von jener der Weibchen. Zur Female Choice gibt es neuerdings einen spannenden Befund der Genomforschung.[10] Es wurde untersucht, wie hoch der Anteil der Genvarianz im menschlichen Genpool ist. Dabei zeigt sich, dass es im Schnitt mehr Unterschiede bei der weiblichen DNA gibt. Über die Geschichte des Menschen in den letzten 70 000 Jahren kann man also sagen, dass mehr Männer als Frauen sich fortgepflanzt haben. Dieser Wert schwankt jedoch weltweit. So weist die asiatische Population kleinere Unterschiede in der Genvarianz auf. Über die Gründe hierfür kann man nur spekulieren. Aber der Gedanke liegt nahe, dass eben nicht alle Männer zum Zug gekommen sind. Denkbar sind aber auch weitere Gründe, so könnte zum Beispiel eine Rolle spielen, dass Frauen sich mehr geografisch verteilt haben, weil sie in die Familie des Mannes gezogen sind.

Tatsächlich sind die Unterschiede nicht so groß, dass man davon ausgehen muss, dass der Mensch polygyn ist, sich also grundsätzlich haremsartige Strukturen bilden, bei der ein Mann mehrere Partnerinnen hat. Diese Studie bestätigt eher, was wir schon am Anfang des Buches gesagt haben: Der Mensch ist grundsätzlich seriell monogam, pflegt aber in Anteilen auch andere Beziehungsformen. Selbst in Gesellschaften, die Polygamie erlauben, sind es im Schnitt unter 5 Prozent der Männer, die diese Beziehungsform auch wirklich praktizieren.

Wie sieht es in unserer Gesellschaft aus? Tatsächlich ist es gar nicht leicht, an verlässliche Zahlen zu kommen, aber gegenwärtig bleibt ein Viertel bis ein Fünftel der Menschen dauerhaft kinderlos (hier wurde die Kohorte der jetzt Fünfzigjährigen betrachtet).[11] Es zeigen sich *keine* wesentlichen Unterschiede zwischen Männern und Frauen. Dieser Wert hat übrigens kontinuierlich zugenommen über die letzten hundert Jahre.

Man kann auch die Sexlosigkeit von jüngeren Menschen betrachten und findet auch hier, dass die Sexhäufigkeit massiv zurückgegangen ist, aber für beide Geschlechter.

Wie kann man diese Ergebnisse nun deuten? Offensichtlich gibt es die Female Choice, aber beim Menschen wird nicht »so heiß gegessen«, wie das manchmal in den Medien kommuniziert wird. Manche Männer – aber auch Frauen – haben es vielleicht etwas schwerer beim Dating, aber letzten Endes pflanzen sich doch die meisten fort. Es ist nicht zu beobachten, dass abweichend von Frauen ein großer Teil der Männer komplett erfolglos bleibt. Man könnte natürlich diskutieren, ob die Gründe für die Kinderlosigkeit vielleicht andere sind je nach Geschlecht, aber das wäre zum jetzigen Zeitpunkt rein spekulativ.

Wir können definitiv eine größere Freiheit der Partnerwahl bei der Frau feststellen, zumindest über weite Altersbereiche, aber es ist nicht wie bei den Gorillas, wo sich außer dem Leitalpha kaum ein Männchen fortpflanzt. Beim Menschen ist es nicht so, dass sie überhaupt niemanden finden. Zumindest nicht in der breiten Masse. Aber die Männer haben je nach Status im weiteren Sinne mehr oder weniger Möglichkeiten. Das kann sich aber unter bestimmten Gegebenheiten, wie zum Beispiel auf Dating-Apps, ziemlich aufschaukeln.

Es gibt einige Hinweise, dass mit dem Eintreten der Sesshaftigkeit des Menschen mehr Wert auf einigermaßen monogame Beziehung gelegt wurde. Der Mensch war aber schon immer anders als seine nächsten Verwandten und ist eine vorwiegend (seriell) monogame Art.

Man kann davon ausgehen, dass die Female Choice etwas abgemildert wurde durch das System der 1:1-Ehe. Hierdurch wurden letztlich fast alle Männer verteilt, trotzdem konnte man Fremdgehen bzw. Affären natürlich nicht vermeiden. Manche Männer werden sich schon immer mehr fortgepflanzt haben als andere. Mit dem Aufbrechen bestimmter gesellschaftlicher Strukturen im aktuellen und im letzten Jahrhundert kann man davon ausgehen, dass die Female Choice beim Menschen wieder ungebremst ausgeübt werden kann.

Himmel und Hölle der Dating-Apps

Dem Menschen ist einprogrammiert, in sozialen Beziehungen zu leben. In unserem sexuellen Programm wurde ebenfalls der tiefe Wunsch nach einem oder auch mehreren Partnern verankert. Bevor man wirklich einen Partner hat, kommt vorher unausweichlich die Kennenlern- und die Datingphase. Wenn man nicht zu den oberen 10 Prozent seines Geschlechts in Hinsicht auf Attraktivität gehört, kann Dating allerdings sehr mühsam sein. Man muss sich unter anderem mit Ablehnung, seltsamen Erlebnissen und Ghosting (plötzlichem Verschwinden bzw. ausbleibenden Antworten) auseinandersetzen. Seitdem unsere Gesellschaft jedes Jahr geschätzt eine neue globale Krise durchlebt, sind Menschen noch schwieriger geworden im Umgang – und auch noch zurückgezogener.

Dating-Apps scheinen da ein hervorragender Weg zu sein, von der Couch aus den Datingprozess zu starten und sich den mühseligen Vorgang zu ersparen, jemanden ansprechen zu müssen. Außerdem wird man mit einer auf den ersten Blick fast schon surreal großen Auswahl konfrontiert. Ich nenne das gern den Lottoeffekt: Die Vorstellung 6 aus 49 richtig zu tippen, erscheint irgendwie machbar. Es sind doch nur 49 Zahlen. Aber leider sind wir nicht allzu geschickt im Umgang mit Wahrscheinlichkeiten, zumindest wenn es in die Extrembereiche geht. Wenn man auf dem Lottoschein eine Zahl zwischen 1 und 14 Millionen nennen müsste – was genauso wahrscheinlich ist –, würden wohl weniger Menschen

Lotto spielen. Und einen passenden Partner auf einer Dating-App zu finden wird einem irgendwann auch (fast) wie ein Sechser im Lotto erscheinen. Woran liegt das?

Wie wir schon angedeutet haben und im Laufe dieses Buches weiter erkunden werden, ist der Datingmarkt nicht für alle gleich. Zum Beispiel nutzen wesentlich mehr Männer das Angebot von Dating-Apps als Frauen. So waren 2020 weltweit 67 Prozent (!) der Tinder-Nutzer männlich.[12] Wie wir hier schon sehen, zeigt sich in einem freien, liberalisierten Datingmarkt (wir kommen später nochmals darauf zurück), dass Frauen offenbar meist einen Vorteil haben. Aber auch innerhalb der Geschlechter zeigt sich ein höchst unausgewogenes Verhalten. Ein Ingenieur der auch bei uns startenden Dating-App Hinge hat Zahlen genannt, wie viel Likes die auf der App als am attraktivsten eingeschätzten Menschen bekommen (siehe Tab. 1).

Tab. 1: Verteilung von Likes nach Attraktivität[13]

Attraktivität	Männer	Frauen
Top-1-Prozent	16,4 Prozent	11,2 Prozent
Top-5-Prozent	41,1 Prozent	30,6 Prozent
Top-10-Prozent	58,0 Prozent	45,7 Prozent
Untere-50-Prozent	4,3 Prozent	7,9 Prozent

Diese Zahlen machen deutlich, dass viele Menschen auf Dating-Apps nur geringe Chancen haben – und Männer dabei noch schlechter dastehen. Denn die Frauen interessieren sich hauptsächlich für die 10–20 Prozent der attraktivsten Männer. Bei den männlichen Nutzern zeigen sich zwar ähnliche Tendenzen, aber in abgeschwächter Form. Man muss bei diesen Zahlen noch hinzurechnen, dass Frauen generell weitaus weniger Likes geben als Männer.

Es gibt ein Maß für die Ungleichheit einer Verteilung oder eines Marktes, den sogenannten Gini-Koeffizienten. Er liegt zwischen 0 (absolut gleiche Verteilung) und 1 (maximale Ungleichheit). Die Datingwelt zeigt sich dabei, insbesondere für Männer, mit einem Gini-Koeffizienten > 0,6 ungleicher als 95,1 Prozent der Länder dieser Erde.[14] Auch die Lorenzkurve zum Vergleich der US-Einkommensverhältnisse und Tinder-Likes offenbart das eklatante Maß an Ungleichheit (siehe Abb. 1). Ein »attraktiver« Mensch kann buchstäblich hundert bis tausendmal mehr Likes bekommen als ein nach Maßstäben der jeweiligen App unattraktiver Mensch.

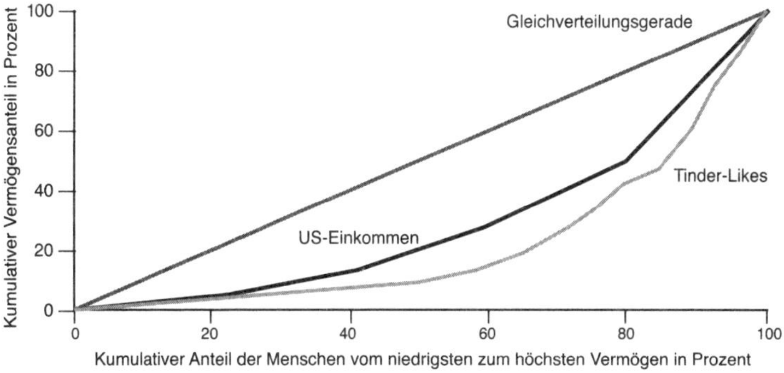

Abb. 1: Lorenzkurve zum Vergleich der US-Einkommensverhältnisse und Tinder-Likes[15]

Die Männerwelt trifft diese Ungleichheit um einiges härter. Man könnte diese Ergebnisse als episodische Einzelbefunde abtun. Aber auch eine offizielle Untersuchung der Dating-App OKCupid über das Votingverhalten der Nutzer zeigt enorme Unterschiede zwischen Männern und Frauen, die die obigen Daten stützen.

Bei den Männern, die Frauen bewerten, sehen wir die in der Statistik meist zu erwartende Glockenkurve (siehe Abb. 2). Die Mehrzahl der Frauen wird als durchschnittlich attraktiv bewertet und ein kleiner Teil als sehr unattraktiv oder sehr attraktiv.

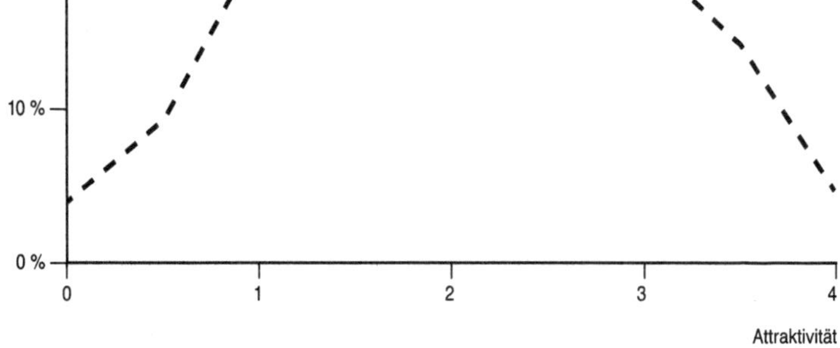

Abb. 2: Einschätzung der Attraktivität von Frauen[16]

Bei den Frauen, die Männer bewerten, zeigt sich jedoch ein ganz anderes Bild (siehe Abb. 3). 80 Prozent der Männer werden generell von ihnen als unattraktiv eingeschätzt. Vielleicht würden viele Frauen an dieser Stelle ins Feld führen, dass die Fotos der Männer schlecht gewählt seien. Aber das wird nicht der wesentliche Grund sein. Vielmehr kumulieren hier die Effekte von Female Choice und einem ungeregelten Datingmarkt. Vor allem Frauen bis Ende 20 haben oft enorm viele Optionen im Onlinedating, was ihre Ansprüche extrem steigen lässt.

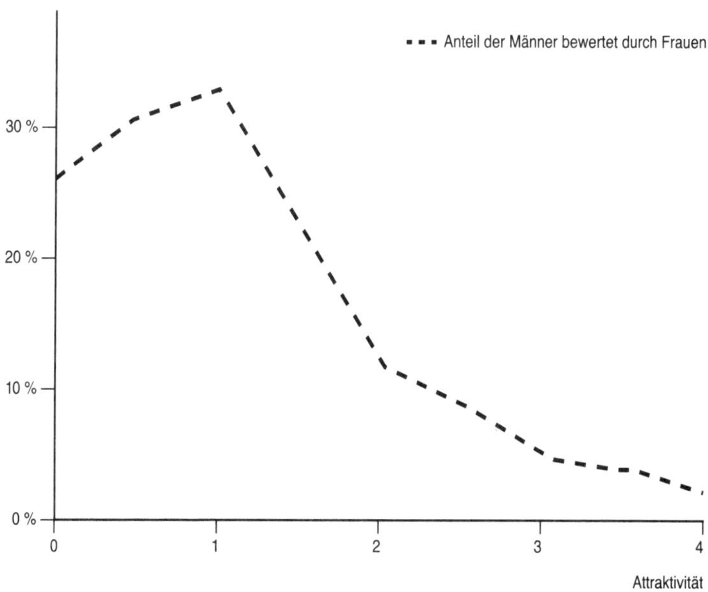

Abb. 3: Einschätzung der Attraktivität von Männern[17]

Die Dating-Apps haben zudem ihre Funktion verändert. Bei der klassischen Heiratsvermittlung war der Erfolg die tatsächliche Ehestiftung. Heute sind Apps gar nicht daran interessiert, die Nutzer nachhaltig zu vermitteln. Denn dann würden sie als zahlende Kunden ausfallen. Man muss davon ausgehen, dass es vor allem darum geht, Nutzer dauerhaft auf der App zu halten. Das wiederum bedeutet, dass sie nicht zu viel Erfolg haben dürfen – zu wenig natürlich auch nicht. Die Apps haben die Möglichkeit, die Anzahl der Likes so zu steuern, dass immer mal wieder ein Match zustande kommt, aber auch nicht jeder Swipe ein Treffer ist. Und gerade dann, wenn es eine sogenannte intermittierende Verstärkung gibt – also den gleichen unvorhersehbaren Prozess wie bei einer Spielbank –, wirkt die Handlung besonders süchtig machend.

Intermittierende Verstärkung

Schon im ersten Semester Psychologie lernt man, dass es nicht nur für viele Tiere, sondern auch für den Menschen grundsätzlich zwei Lernsysteme gibt: die kontinuierliche Verstärkung und die intermittierende Verstärkung. Das kann man schön am Beispiel Hundeerziehung veranschaulichen, Stichwort Platzmachen. Hierbei wird das gewünschte Verhalten erst jedes Mal »verstärkt«, indem man *immer* einen leckeren Hundekeks gibt, wenn der Hund das Kommando richtig ausgeführt hat. Damit prägt sich das Verhalten möglichst schnell ein. Jetzt wird es interessant. Am besten macht man nicht so weiter, weil man sonst stets einen Keks geben muss, wenn der Hund den Befehl ausführen soll. Wenn man gar keine Kekse mehr gibt, löscht man das Verhalten (das ist natürlich sehr vereinfacht). Die Lösung ist, nun auf die intermittierende Verstärkung umzustellen und dem Hund nur noch ab und zu einen Keks zu geben. Das funktioniert am besten, wenn das Keksschema möglichst chaotisch ist. Jetzt gibt man *viel* weniger Kekse, gleichzeitig prägt sich das Verhalten sogar *mehr* ein und ist weniger löschbar.

Praktisch alle Dinge, die uns in irgendeiner Form süchtig machen, funktionieren nach diesem Schema. Bei den angesprochenen Dating-Apps ist es genauso. Erst bekommt man viele »hochwertige« Matches und wird »angefüttert«. Dann dünnt es sich immer weiter aus. Wenn man langsam die Lust verliert, kommt doch mal wieder ein Match daher. Ich vermute, das ist kein Zufall!

Sind Männer und Frauen denn unterschiedlich?

An dieser Stelle wollen wir uns ein paar grundlegende Forschungsergebnisse zu den Unterschieden der Geschlechter ansehen. Auch wenn diese Forschung nicht dem aktuellen Mainstream der Gesellschaft entspricht, gibt es doch viele sehr stabile Ergebnisse.

Frauen können generell besser mit Sprache umgehen. Sie lernen schneller sprechen, kommen besser mit Fremdsprachen klar, stottern weniger und haben viel weniger Probleme mit Störungen wie Dyslexie. Dieses Phänomen ist nicht nur interkulturell, es konnte auch mit dem weiblichen Sexualhormon Östrogen in Zusammenhang gebracht werden. So konnten zyklusabhängige verbale Fähigkeiten der Frau nachgewiesen werden. Auch scheinen Frauen Informationen eher ganzheitlich und intuitiv aufzunehmen (holistisches Denken) im Gegensatz zu der starken Fokussierung auf wichtige Details beim Mann, zum Beispiel auf das Wild beim Jagen. Männer zeigen hingegen bessere Fähigkeiten bei räumlich-visuellen Aufgaben, wie etwa beim klassischen Kartenlesen. Diese Fähigkeiten konnten dem Hormon Testosteron zugeordnet werden.

Die Persönlichkeit betreffend neigen Männer im Mittel dazu, aggressiver zu sein, während Frauen tendenziell eher empathisch und nährend-aufbauend *(nurturing)* und mehr orientiert an kooperativem Verhalten sind. Schon von klein auf sind Mädchen eher an sozialen Stimuli interessiert und Jungen eher an »Dingen«. In Beziehungen sind Frauen tendenziell eher nähebedürftiger im Vergleich zu Männern, die einen etwas stärkeren Wunsch nach Abstand und Autonomie haben.

Wenn wir uns die Persönlichkeit anschauen, dann wird diese nach heutigem Stand der Forschung meist nach einem Fünf-Faktoren-Modell (Big Five) eingestuft. In Untersuchungen zeigt sich dabei folgendes Bild:

- Frauen schätzen sich als besorgter ein (»Neurotizismus«-Skala).
- Frauen schätzen sich als sozialer ein (»Extraversion«-Skala).
- Frauen schätzen sich als neugieriger ein, vor allem bei sozialen Themen. Männer sind allerdings offener für neue Ideen und Entwicklungen (»Offenheit«-Skala).
- Frauen schätzen sich als fürsorglicher und verträglicher ein (»Verträglichkeit«-Skala).
- Frauen schätzen sich als verantwortungsbewusster ein (»Gewissenhaftigkeit«-Skala).

Wenn man sich andere Konzepte anschaut, die auf diesen fünf Faktoren aufbauen, dann zeigen sich folgende Ergebnisse:

- Männer sind im Schnitt durchsetzungsstärker und konfliktfreudiger.
- Männer haben höhere Ausprägungen auf Skalen, die Egoismus messen (offener Narzissmus und Machiavellismus). Hierbei muss man allerdings bedenken, dass damit keine psychischen Diagnosen gemeint sind. Im Bereich dieser wird heute davon ausgegangen, dass Frauen und Männer, zum Beispiel beim Thema Narzissmus, eher gleich stark betroffen sind (hier werden dann auch versteckter Narzissmus und weitere Spielarten betrachtet).

Bei all diesen Punkten ist zu beachten, dass es sich um Mittelwertsunterschiede handelt. Und um es nochmals zu betonen:

Aus den unterschiedlich gelagerten Persönlichkeitsmerkmalen von Frauen und Männern darf man keineswegs folgern, dass sich jede Frau tunlichst um den Nachwuchs kümmern muss. Wir beleuchten hier nur den Bereich romantischer Beziehungen. Ich erinnere gern daran, dass es im Wesentlichen darum geht, das zu tun, was einem wirklich Spaß und Freude macht.

Was spricht dagegen, dass all diese Merkmale kulturell anerzogen werden? Zunächst einmal die interkulturelle Forschung. Sie zeigt, dass in verschiedenen Ländern bei Frauen und Männern dieselben Persönlichkeitsfaktoren gehäuft auftreten. Wäre es eine kulturelle Prägung, müssten sich viel mehr Unterschiede zeigen, nicht nur in einzelnen Bereichen.

Eine geradezu verstörende Studie wurde in Skandinavien durchgeführt.[18] Die skandinavischen Länder haben weltweit die weitreichendste genderneutrale Politik. Es wurden über 130 000 Menschen in 22 Ländern untersucht in Hinblick auf die Big-Five-Persönlichkeitsfaktoren. Erwartet wurde, dass die genderneutrale Haltung zu weniger Unterschieden zwischen Männern und Frauen führt. Tatsächlich ist aber genau das Gegenteil eingetreten. Je mehr auf Genderneutralität geachtet wird in einem Land, umso *größer* sind die Persönlichkeitsunterschiede zwischen Männern und Frauen (und zwar in die »Klischee«-Richtung). Diesen Effekt sieht man weltweit sehr stabil (siehe Abb. 4).

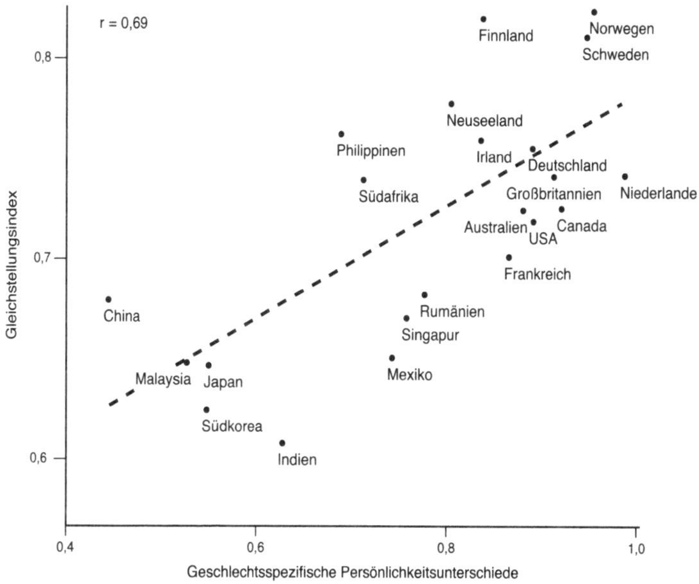

Abb. 4: Geschlechtsspezifische Persönlichkeitsunterschiede im Vergleich zum Maß der Gleichstellung eines Landes[19]

Trotz aller Förderprogramme wollen Männer – tendenziell! – immer noch lieber Ingenieur werden, gerade wenn sie doch woke sein sollen. Und Frauen ziehen soziale Berufe vor.[20] Dieses Ergebnis ist nicht nur valide, weil sehr hohe Datenmengen verarbeitet wurden, sondern auch, weil die Forscher das genaue Gegenteil nachweisen wollten.

Wie sind diese Ergebnisse zu deuten? Ich sehe vor allem zwei Erklärungen, die aber gleichermaßen unangenehm für diese Art von Politik sind. Zum einen wird vermutet, dass der nachlassende wirtschaftliche und gesellschaftliche Druck wieder die Gegebenheiten des Menschen vor der Sesshaftigkeit hervorbringt. Mann und Frau können sich im wahrsten Sinne des Wortes entfalten, allerdings verläuft dieser Prozess anders, als die woke Politik es möchte. Denn diese Freiheit führt gerade dazu, sich seinen Prägungen hinzugeben. Und wenn Einzelne sich berufen fühlen, sich anders zu verhalten, ist das auch fein. Ich erinnere nochmals: Es geht nur um Mittelwertsunterschiede, diese sagen über die einzelne Person nur bedingt etwas aus.

Wenn man Dokus gesehen hat über die gewisse Zwanghaftigkeit, mit der in den Nordländern schon Kindern jegliches »typisches« Genderverhalten abtrainiert werden soll, kommt man auf einen möglichen zweiten Einfluss. Vielleicht löst diese gesellschaftliche Haltung so viel Reaktanz und Widerstand aus, dass man sich gerade in die Genderrollen hineinbegeben möchte. Ich persönlich bin davon überzeugt, dass man für beide Geschlechter natürlich gleiche Bedingungen schaffen sollte. Aber man sollte keine Vorgaben machen, was daraus hervorzugehen hat. Das ist nur wieder eine Bevormundung auf einer höheren Ebene.

Testosteron und Berufswahl

In einer Studie der Uni Konstanz mit über 8600 Frauen und Männern wurde festgestellt, dass es einen Zusammenhang zwischen dem vorgeburtlichen Testosteronspiegel und der späteren Berufswahl gibt.[21] Ein höherer Spiegel des männlichen Geschlechtshormons geht signifikant mit eher technisch orientierten Berufen einher. Die Studie bestätigt die Geschlechterstereotype von technisch ausgeprägten Männern und sozial engagierten Frauen. Sie folgert, dass man keine Gleichverteilung in Studiengängen erwarten kann.[22]

Mittlerweile gibt es zumindest in der Wissenschaft auch vermehrt Diskussionen darüber, ob in westlichen Ländern nicht inzwischen sogar die Männer zu negativ gesehen werden. Dies nennt man den Gamma Bias (kommt von dem Wort Gender Bias, der bevorzugten Sichtweise auf ein bestimmtes Geschlecht, meist das weibliche). So zeigt zum Beispiel eine Überblicksstudie, dass Frauen genauso oft in häusliche Gewalt verwickelt sind wie Männer.[23] In der öffentlichen Wahrnehmung hört man davon wenig bis gar nichts.

In einer Analyse der Arbeit der UN zeigt sich eine deutliche Bevorzugung von Frauenthemen.[24] So betreibt die UN 69 Twitteraccounts für Frauenthemen, aber keinen einzigen für die von Männern. Dabei gibt es genügend: Männer sterben deutlich früher, sind viel öfter im Gefängnis, obdachlos und drogenabhängig. Außerdem bringen sie sich weitaus häufiger um. Das sollten eigentlich genug Gründe sein, sich auch um die Entwicklung der Männlichkeit in westlichen Gesellschaften zu kümmern.

3

Unser Steinzeitprogramm steuert uns bis heute

Das biologische Datingprogramm des Menschen

Wenn wir über Polarität in Liebesbeziehungen reden, dann ist ein Blick auf die stammesgeschichtliche Entwicklung des Menschen äußerst spannend.[25] Der Mensch ist als Art am engsten mit Schimpansen verwandt, gefolgt von Gorillas. Scheinbar haben wir aber nicht mehr das gleiche Datingprogramm. Bei unseren Vorfahren sucht man Monogamie beispielsweise vergebens. Während Schimpansen in promiskuitiven Gruppen leben (also ziemlich kreuz und quer Sex haben), ziehen Gorillas meist haremsartige Systeme vor (Polygamie).

Warum der Mensch davon abweicht und als eine der sehr wenigen Säugetierarten feste Paarbeziehungen pflegt, ist noch nicht völlig geklärt. Zu unterscheiden ist hier auch die soziale Monogamie – es werden insbesondere bei der Aufzucht von

Nachkommen feste Beziehungen gepflegt, aber es sind nicht immer tatsächlich genetisch die Eltern – von der genetischen Monogamie, bei der die Eltern auch wirklich die Eltern sind. Der Mensch kann als zeitweise sozial monogam gesehen werden, wobei Kuckuckskinder beim Menschen viel seltener sind (meist im niedrigen einstelligen Prozentbereich) als bei anderen Tierarten (teilweise bis zu 20 Prozent).

Diskutiert wird etwa die These, dass sich durch den aufrechten Gang das weibliche Becken verkleinerte und Menschenkinder dementsprechend nur eine bestimmte maximale Gehirngröße haben können. Sie sind folglich extrem hilfsbedürftig. Auch müssen sie umständlich getragen werden, während sich beispielsweise bei Schimpansen die Jungen einfach ins Fell krallen. Der hohe Aufwand bei der Aufzucht macht einen Vater notwendig, um eine stabile Ressourcenversorgung zu gewährleisten.

Auch die im Vergleich eher bescheidene Menge und Qualität der Spermien des Mannes deuten darauf hin, dass wir nicht komplett polygyn angelegt sind. Bei solchen Arten muss das Männchen erst einmal das Sperma anderer Männchen verdrängen bzw. das Männchen muss viel öfter »einsatzbereit« sein.

In interkulturellen Studien zeigt sich, dass es beim Menschen fast überall (seriell) monogame 1:1-Beziehungen gibt. Je nach Kultur und Anforderungen ist dies aber ebenso häufig nicht die einzige Beziehungsform. Auch unsere moderne westliche Gesellschaft macht da keine Ausnahme. Kulturübergreifend scheint ein Großteil der Beziehungen dabei durchschnittlich etwa vier Jahre zu dauern (da es sich um einen Mittelwert handelt, gibt es natürlich viele Abweichungen, bei mehreren Kindern dauern die Beziehungen entsprechend länger). Also etwa die Zeit, die es braucht, bis ein Menschenkind das Gröbste überwunden hat. Dann findet in vielen Kulturen – und auch bei anderen sozial monogamen Tierarten – häufig ein Partnerwechsel statt, wenn nicht schon das nächste Kind unterwegs ist.

In aktuellen Erhebungen zeigt sich in unserer Kultur tatsächlich auch eine Häufung von Trennungen unverheirateter Partner nach etwa vier Jahren. Bei Ehepartnern ist es das vierte Jahr nach der Trauung. Außerdem gibt es viele Trennungen im ersten Jahr, was aber wohl auf Inkompatibilitäten zurückgeht. Eine faszinierende weitere Erkenntnis ist: Der Vierjahreszeitraum ist nur zu beobachten im typischen Gebäralter. Danach sind Beziehungen scheinbar stabiler. Außerdem scheint viel Nachwuchs Ehen zu stabilisieren.

Aber wie wir alle wissen, ist die Welt natürlich nicht ganz so einfach gestrickt: Nicht nur in der westlichen Kultur, sondern in eigentlich allen Kulturen gibt es das Fremdgehen, das häufig monogame Beziehungen beendet. Es ist so weit verbreitet, dass man es als zweite Vermehrungsstrategie neben serieller Monogamie sehen muss.

Interkulturelle Betrachtungen zeigen außerdem, dass die Scheidungsrate bei verbesserten wirtschaftlichen Bedingungen steigt.

Vielleicht bist du so überrascht wie ich, wie sehr wir doch »im Plan« liegen, insbesondere, wenn kulturelle Überformungen wie die Unauflöslichkeit der Ehe zurückgehen. Auch unser grundsätzliches Datingverhalten, das Verlieben an sich, wird von uralten Programmen gesteuert. Natürlich können wir, dürfen wir und sollten wir Einfluss nehmen. Aggression zum Beispiel gehört auch zum menschlichen Programm, aber wir arbeiten daran, sie einzudämmen.

Dennoch muss man sich überlegen, ob man wirklich »bergauf schwimmen« will, insbesondere im Bereich Liebesbeziehungen. Es ergibt in vielen Bereichen Sinn, sich in diese Programme einfach hineinfallen zu lassen und mit ihnen auch glücklich zu werden. Heute dürfen wir ganz bewusst mit ihnen spielen und uns immer wieder neu entscheiden, welchen Weg wir wählen.

Wie man an der Ehe sieht, ist die menschliche Sexualität ebenso stammesgeschichtlich bedingt wie kulturell überformt. Ich befürchte aber, dass wir in einer Zeit leben, wo wir die Macht der Kultur überschätzen und uns das Leben unnötig schwer machen. Weder ist der Mensch heute fixiert in überkommenen, unauflöslichen Ehen, die wohl eher auf Anforderungen aus der Zeit des Ackerbaus und der Sesshaftigkeit zurückgehen, noch ist ihm Monogamie fremd, was in einer gewissen Gegenreaktion immer wieder fälschlicherweise behauptet wird.

Wie wir oben am Beispiel der Nordländer gesehen haben, möchten die Geschlechter auch gar nicht gleich sein. Wenn man ihnen die Freiheit lässt, wählen sie das, was sie möchten. Und dieses Wollen ist durch unsere hormonellen und genetischen Prägungen überformt. Ein echter, befreiter, im eigentlichen Sinn woker Mensch ist im Einklang mit seiner Biologie, die übrigens auch genug Variationsmöglichkeiten hat. Und dann machen Beziehungen auch Spaß und sind wirklich erfüllend. Das wollen wir uns im Folgenden im Detail anschauen.

Was sagen Befragungen über Datingvorlieben aus?

Die Umfragen zu Datingpräferenzen kommen eigentlich immer zu den gleichen Resultaten. Betrachten wir hier eine Studie, die besonders gründlich ist und auch interkulturelle Unterschiede überprüft.[26]

Zunächst einmal ist festzustellen, dass die Kultur scheinbar keine wesentliche Rolle spielt. Die Ergebnisse gleichen sich in allen untersuchten Ländern, selbst in hochmodernen, woken Gesellschaften wie Norwegen oder Schweden im Vergleich zu patriarchalischen Kulturen wie beispielsweise Iran.

Es zeigt sich, dass Männer viel mehr Wert auf physische Attraktivität und Alter legen. Frauen bevorzugen bei Männern am meisten Status, finanzielle Ressourcen und Ambitionen im Leben. Dazu passt auch, dass ihnen die vermutete Intelligenz des Mannes wichtig ist.

Evolution oder »böses« Patriarchat?

Gelegentlich wird Kritik laut am evolutionären Konzept, insbesondere, was Ressourcen und Status des Mannes angeht. Der Grund für die Präferenz dieser Merkmale könne ja auch sein, dass Frauen systematisch finanziell benachteiligt sind. Das würde aber bedeuten, dass wirtschaftlich erfolgreichen Frauen der Status des Mannes nicht mehr so wichtig wäre. Die interkulturelle Forschung konnte klar belegen, dass das nicht der Fall ist.[27] Ganz im Gegenteil legen erfolgreiche Frauen *noch mehr* Wert auf Status und Erfolg des Mannes.

Beide Geschlechter legen gleich viel Wert auf Aspekte wie Umgänglichkeit, Geselligkeit und gemeinsame Werte. Beim Thema Keuschheit ist ein regionaler Unterschied zu verzeichnen. Sogenannte »innere Werte« haben einen sehr hohen Stellenwert in der Studie.

Insgesamt zeigen sich unabhängig von den normativen Vorgaben der Gesellschaft kulturübergreifend überall die gleichen Vorlieben, was Mann oder Frau anziehend finden. Dies ist auch die immer wiederkehrende Erfahrung, die ich in Paartherapien gemacht habe. Dabei ging es natürlich nicht mehr um Dating, aber aus den Datingpräferenzen können wir im nächsten Schritt Merkmale polaren Verhaltens ableiten.

Woher rühren nun diese Unterschiede? Nach den Ausführungen weiter oben über die enorme Wirkung unserer

Stammesgeschichte kannst du dir vielleicht vorstellen, woher sie kommen. Durch die Besonderheiten des Menschen – aber nicht nur des Menschen – braucht es zumindest anfangs auch einen Vater, der die Frau bei der möglichen Aufzucht unterstützt und entsprechende Ressourcen bereitstellt. Wer meint, das sei heute obsolet, kann gern einmal mit einem Vollzeitjob Kinder großziehen. Und für die Möglichkeit eines oder mehrerer Kinder spielt natürlich das Alter der Frau eine Rolle. Dazu kommen noch viele weitere Aspekte, mit denen wir automatisch den anderen abchecken. So werden eine reine Haut und glänzende, kräftige Haare beispielsweise als ein Zeichen physischer Gesundheit wahrgenommen.

Es ist also gut denkbar, dass diese Präferenzen aus evolutionärer Sicht Sinn ergeben, um die eigenen Gene entsprechend weiterzugeben. Dies alles ist oft unbewusst, in aller Regel hinterfragt man seine Motive ja nicht.

Trotzdem muss man evolutionäre Begründungen immer mit einer gewissen Vorsicht betrachten. Denn hierbei unterliegt man häufig Zirkelschlüssen. Das heißt, man nimmt im Vorfeld bereits an, dass die Gene die Ursache sind, und sucht dann die am besten passende Erklärung. Anschließend meint man, der Beweis sei stichhaltig, da scheinbar alles stimmig ist. Aber in unserem Fall ist es natürlich schon extrem naheliegend.

Homosexualität aus evolutionärer Sicht

Am Thema Homosexualität kann man beobachten, wie schwer manchmal evolutionäre Begründungen fallen. Aus dem Blickwinkel der Fortpflanzung scheint diese auf den ersten Blick keinen Sinn zu ergeben, trotzdem ist sie in der Bevölkerung weit verbreitet (2–5 Prozent, gelegentliche Kontakte sogar 10–30 Prozent) und auch bei über 1500 Tierarten zu beobachten.[28] Homosexualität kann jedoch Vorteile für die Art mit sich bringen, die auf den ersten Blick nicht direkt eingängig sind.

Auch das Thema Monogamie ist spannend. Häufig wird behauptet, die beste Strategie des Mannes sei es, seinen Samen möglichst breit zu verteilen. So einfach ist das aber nicht. Denn die Frau wird nicht in jedem Zyklus schwanger und ist auch nicht immer in ihren fruchtbaren Tagen. Anders als bei vielen Tierarten hat die Frau zudem eine »stille Ovulation«, der Mann weiß also in der Regel nichts davon – es sei denn, er ist mit ihr in einer festen Partnerschaft. Es kann also die bessere Strategie sein, im Verlauf eines Jahres stets die gleiche Frau zu daten und häufig mit ihr zu schlafen, als sich mühsam immer neue Partnerinnen zu suchen und letztlich oft viel weniger Sex zu haben (am häufigsten findet Sex immer noch innerhalb von Beziehungen statt).

Besonderheiten im Onlinedating

Bei einer Studie zum Onlinedating zeigte sich ein weiterer spannender Befund: Männer und Frauen »zielen« auf Menschen, die im Schnitt 25 Prozent attraktiver (nach Maßgaben der Dating-App) waren als sie selber.[29] Allein dieses Ergebnis hilft zu erklären, warum Onlinedating so frustrierend ist. Wenn man selbst attraktivere Menschen anschreibt, andererseits von Personen kontaktiert wird, die 25 Prozent unattraktiver sind, dann kann man sich vorstellen, wie selten sich passende Partner finden. Wie oben schon gesagt ist soziale Verträglichkeit auch ein wichtiger Auswahlgrund, aber wie soll eine Dating-App diese adäquat abbilden?

Status des Mannes als Datingvorteil versus aktuelle Berufswelt

Wie wir gesehen haben, spielt der Status des Mannes eine große Rolle im Hinblick auf seinen Dating- und Beziehungserfolg. Dieser Status wird stark durch den beruflichen Erfolg definiert und nach außen demonstriert. Männer wissen das instinktiv und teilweise sogar bewusst. Deshalb darf man sich nicht wundern, wenn Männer sich in den Burn-out arbeiten. Sie wissen, dass die Damenwelt sie nicht sehr attraktiv finden wird, wenn sie auf diesem Feld wenig Ergebnisse vorzuweisen haben. Sie sehen jeden Tag, dass die 5–10 Prozent der Männer mit hohem Status – und damit einhergehend hohem Einkommen und/oder großer gesellschaftlicher Anerkennung – es *erheblich* leichter haben, äußerst attraktive Frauen anzuziehen.

Man kann jetzt darüber nachdenken, ob der im Mittel größere Erfolg von Männern im Beruf wie auch die teilweise bessere Bezahlung nicht auch ein Ergebnis der sexuellen Selektion sind. Frauen hingegen profitieren von einem hohen Status im Beruf nicht zwangsläufig.

Wenn wir in einer weiblicheren Welt leben wollen, wo Frauen weiter aufholen können und ebenso führende Positionen einnehmen, dann müsste sich auch an dem Selektionsdruck in irgendeiner Form etwas ändern. Inwieweit das möglich ist, wird sich zeigen. Schon heute sind Frauen in westlichen Ländern im Schnitt besser ausgebildet als Männer. Wenn sich dieser Umstand in der Berufswelt adäquat niederschlägt, werden immer mehr Frauen Männer »daten« müssen, die beruflich weniger erfolgreich sind. Dann besteht die Gefahr, dass noch mehr Männer es auf dem Datingmarkt extrem schwer haben werden. Wir werden sehen, wie gut das klappt!

Alphamänner versus Betamänner

Vor allem in den sozialen Medien hört man sehr viel über Alpha- und Betamänner. Erstere werden als diejenigen gesehen, die den sexuellen Markt »abräumen«, weil sie in ihrer

Polarität sind und einen hohen Status haben. Sie sind die *bad guys*, die zwar äußerst anziehend sind, aber nicht loyal und kaum Beziehungen wollen. Sie sind die Führer. Betamänner sind im Prinzip die vielen Loser, die *nice guys*, die zwar loyal wären, aber von den Frauen nicht erhört werden. Die Grenzen seien dabei fließend, ein Beta könne durch harte Arbeit an sich zum Alpha werden, ein Alpha wiederum könne in Beziehungen auch »betaisiert« werden, wenn er auf die Dauer zu nachlässig werde.

Viel Unterstützung bekam diese Sichtweise durch eine Studie, bei der Frauen eine wechselnde Präferenz in Abhängigkeit vom Zeitpunkt in ihrem Zyklus zeigten.[30] So zogen sie Alphas während des Eisprungs vor und Betas außerhalb davon. Dieses Ergebnis wurde in den sozialen Medien – insbesondere in der sogenannten Manosphere, dazu später mehr – so gedeutet, dass Frauen während des Eisprungs mehr mit Alphamännern fremdgingen, um die besten Gene zu bekommen, ansonsten aber Betas als langfristige Versorger suchten. Deshalb gebe es auch viele Kuckuckskinder, also Kinder, die von einem anderen Mann sind, wobei der versorgende Vater davon nichts weiß.

Ich habe große Zweifel an dieser Sichtweise. Ohne Frage präferieren Frauen Männer, die einen hohen Status haben und in ihrer Polarität sind – und die man Alphas nennen könnte. Es macht genetisch aber keinen Sinn, dass große Teile eines Geschlechts am liebsten von Frauen aussortiert würden. Wenn dem so wäre, wäre Betaverhalten schon lange evolutionär ausselektiert worden. Die oben genannte Studie konnte in einer groß angelegten Folgestudie nicht repliziert werden.[31] Und besonders viele Kuckuckskinder gibt es nun auch wieder nicht.

Die Denkweise mit dem Alpha- und Betathema lehnt sich sehr an Gorillas an, die in Harems leben. Das ist beim Menschen aber nicht der Fall. Selbst im Tierreich ist es so, dass Betagorillas im Wartestand für eine Alphaposition sind. Sie sind nicht per se völlig schwächlich, sie könnten auch ein Alpha sein, aber eben nicht in dieser Gruppe. Es sind eher potenzielle Alphas, die auf ihre Chance warten. Außerdem zeigt sich generell im Tierreich, dass sich auch Betas fortpflanzen, sie haben nur andere Sexualstrategien (sie »stehlen« sich beispielsweise manchmal Sex, wenn die Gruppe es nicht sieht). Zudem sind Alphaprimaten im Tierreich auch empathische »Gründer« von Koalitionen, während das Konzept des *bad guy* viele narzisstische Züge hat.

In Studien zeigt sich immer wieder, dass für Frauen Selbstbewusstsein und Konfrontationsfähigkeit des Mannes wichtige Auswahlkriterien sind. Das bezieht sich aber eher auf den Wettbewerb unter Männern, keineswegs möchten Frauen mit männlicher Aggression konfrontiert werden. Fast genauso wichtig ist aber, dass der Mann gelassen und sensibel ist, sodass man gut mit ihm auskommt und eine emotionale Begegnung möglich ist.

Lange Rede, kurzer Sinn: Natürlich kann man attraktive, selbstbewusste Männer »Alphamänner« nennen. Dabei handelt es sich jedoch eher um eine graduelle Hierarchie, die sich in einem anderen Kontext schnell ändern kann. In meinen Hunderten Paartherapien ist zudem klar geworden, dass Frauen gern beides haben wollen: einen Alphamann, mit dem man dennoch ein Leben und eine emotionale Verbindung aufbauen kann. Für mich ist ein echter moderner Alpha ein Mann in seiner Polarität, der verlässlich und ehrlich ist.

Schönheit und Jugend als Datingvorteil für Frauen?

Die von der Evolution vorgesehene Sexualstrategie der Männer ist es, ihre Gene effektiv weiterzugeben. Um dies umsetzen zu können, sollte die Frau möglichst gebärfähig sein. Frauen sind mit etwa Anfang 20 am fruchtbarsten und werden in diesem Alter von Männern auch als am attraktivsten wahrgenommen. Die optische Attraktivität ist also ein wichtiger Marker für Männer, der Fruchtbarkeit signalisiert. Da Frauen über weite Lebensbereiche durch Female Choice sowieso mehr Wahlmöglichkeiten haben, ergeben sich dadurch im Mittel gewisse Ungleichgewichte zwischen den Geschlechtern.

Attraktive Frauen sind mit Anfang 20 die Königinnen des Datingmarkts. Selten gibt es für sie irgendeine Notwendigkeit, auf Dating-Apps zurückzugreifen. Wenn sie es doch tun, können sie sich sicher sein, dass der Mann für eine Beziehung (zumindest kurzfristig) bereit sein wird, wenn sie dies wollen. Das Ausmaß an Nachrichten, das sie bekommen, ist wirklich bemerkenswert. Im Einklang mit den wachsenden gesellschaftlichen Freiheiten für Frauen nutzen diese dann auch ihre Möglichkeiten bis zum Alter von etwa 30 Jahren. Meine Klientinnen berichten mir einhellig von dem Trend in der Generation Z, sich nicht mehr so schnell festzulegen und alle Optionen zu genießen – was jeder Einzelnen auch einfach nur gegönnt sei.

Aber ab 30 beginnt dann ein neues Spiel. Die Dreißiger sind heutzutage das Alter, wo vor allem gut ausgebildete Frauen ihre Kinder bekommen möchten. Dazu müssen sie dann gegensteuern: weg von der Exploration aller Möglichkeiten hin zu langfristigen, verbindlichen Beziehungen. Es ist gar nicht so einfach, dann umzuschalten. Denn je mehr Sexualpartner man hatte, umso mehr vergleicht man auch und ist in Gefahr, in Langzeitverbindungen frustrierter zu werden.

Zudem ist die Frau im Mittel immer noch hochattraktiv, aber nicht mehr ganz so wie in den Zwanzigern. In der »Red Pill«-Szene – dazu später mehr – wird hier manchmal etwas flapsig von der »Mauer der Gerechtigkeit« gesprochen. Gemeint ist das Jahrzehnt, wo Frauen und Männer es auf dem Markt der Möglichkeiten erstmals in etwa gleich schwer haben. Wenn man aus den Zwanzigern gewohnt war, nur die vom Status her hochstehendsten Männer zu daten, muss man sich hier vielleicht schon etwas umstellen. Das sind auch Argumente dafür, die man heute oft nicht hören will, sich vielleicht doch schon in den Zwanzigern einen Lebenspartner für eine Familiengründung zu suchen.

Je mehr wir auf die Fünfziger zuschreiten, desto mehr haben dann die Männer Vorteile, was die Attraktivität betrifft. Sie hängen vor allem mit dem hohen Status in diesem Alter zusammen, der mit dem Höhepunkt im Berufsleben zusammenfällt.

Wenn ich auf das Gesamtbild schaue, habe ich den Eindruck, dass sich alles auf die eine oder andere Weise ausgleicht. Klar, wir haben Female Choice, aber ich kann mich als Mann auch wählbarer machen, indem ich beispielsweise aktiv an meinem Status arbeite. Wenn man auf ein bestimmtes Alter blickt, kann man vielleicht ein Gewinnergeschlecht ausmachen. Aber insgesamt haben wir im Durchschnitt alle etwa dieselben Chancen.

Was zudem immer wieder gern vergessen wird: Nur weil ich meinen sexuellen Marktwert komplett ausreize, heißt das nicht, dass die Beziehung dann glücklich ist. Es heißt nur, ich date jemanden, den ich sehr attraktiv finde. In diesem Zusammenhang möchte ich auch erwähnen, dass viele Klienten mir immer wieder berichten, dass sie den besten Sex nicht mit den attraktivsten Menschen hatten. Für eine glückliche Beziehung sind passende Bindungsstile wohl mindestens genauso wichtig wie der »Marktwert« – wenn nicht noch wichtiger. Wenn man extrem attraktiv ist, fühlt man sich auch oft darauf reduziert. Wird die eigene Persönlichkeit nicht beachtet, kann das sehr frustrierend sein.

Wollen Männer Alphafrauen daten?

Gelegentlich hört man, dass gut ausgebildete Frauen mit hohem Status es beim Dating besonders schwer haben, insbesondere beim Onlinedating. Eine Studie zeigt, dass Männer durchaus gebildete Frauen bevorzugen, jedoch mit einer Präferenz unter dem eigenen Bildungsabschluss (als Beispiel wird ein Bachelor-Abschluss genannt).[32] Wenn man sich die Datenlage genauer ansieht, fällt auf, dass der Zusammenhang zwischen Status und Attraktivität auf dem Datingmarkt beim Mann ausgeprägter ist als bei Frauen. Das liegt unter anderem sicherlich daran, dass der Status der Frau im beruflichen Sinne für Männer einfach nicht so wichtig ist.

Männer wollen definitiv Alphafrauen als Partnerinnen haben, die auch gern selbstbewusst auftreten können. Aus Sicht eines Mannes sieht eine Alphafrau aber vor allem gut aus, was auch immer das im Einzelfall genau heißen mag. Der berufliche Status ist eher nebensächlich. Ich bezweifle, dass ein Mann eine für ihn sehr attraktive Frau nicht daten würde, nur weil sie auch intelligent und erfolgreich ist.

Manchmal wird der Begriff »Alphafrau« negativ verwendet für eine Frau, die dominant und in der männlichen Polarität ist. Das finde ich aber verwirrend. Ich vertrete den Standpunkt, dass man den Begriff analog wie für Männer verwenden sollte. Eine Alphafrau wäre für mich folglich eine Frau, die ganz in ihrer weiblichen Polarität ist, aber gleichzeitig klare Standards hat und selbstbewusst ihren Weg geht. Das wäre eine schöne Besetzung des Begriffs.

Die Welt dreht sich immer um die gleichen Dinge

Wir machen enorme Fortschritte im technologischen Bereich, und auch unsere Kultur verändert sich rasant. Ob das immer zum Guten ist im Angesicht des Zustands unseres Planeten, sei dahingestellt. Tatsächlich nehmen wir unglaublich viel Veränderung wahr. Der Mensch darunter, den es ja schon viel länger gibt, bleibt aber im Wesentlichen gleich. Unsere biologischen Programme haben sich überhaupt nicht geändert. Das muss man sich immer wieder klarmachen, vor allem, wenn wir in die nächsten Kapitel einsteigen.

Wenn unser tägliches Überleben einigermaßen gesichert ist, geht es immer um die gleichen Dinge. Wie ist meine Position in meiner lokalen Gruppe? Kann ich eine Position mit mehr Status (männlicher oder weiblicher Status) erreichen? Wie gut bin ich vernetzt? Und vor allem natürlich: Wie attraktiv findet mich mein Lieblingsgeschlecht? Welchen »Marktwert« habe ich? Wie gut komme ich in meiner bestehenden Beziehung an, und werden meine Bedürfnisse nach Sicherheit und Fortpflanzung dort erfüllt? *Boy seeks girl, girl seeks boy* bzw. *girl seeks girl* oder *boy seeks boy* (weitere Varianten kannst du dir ausmalen): Darum dreht sich unser ganzes Leben. Egal mit welchen schönen neuen Worten wir diese Wahrheit schmücken, in welcher »Bubble« wir sind oder welchem »letzten Schrei« des Datingmarkts wir folgen. Wenn man das einmal verstanden und seinen Frieden damit gemacht hat, wird das Leben viel leichter.

Vor allem versteht man viele auf den ersten Blick unklare Situationen. Warum sagt dein Schwarm, dass sie jetzt einen netten Mann als Partner haben will, und steht dann doch auf den distanzierten Surfer? Warum ist ein Nein oft attraktiver als ein Ja? Warum gehen viele Beziehungen nach immer den gleichen Zeiträumen auseinander? All das wird plötzlich leicht verständlich. Wir können zwar sagen, was wir gern wollen würden. Aber wir können nicht wollen, was wir wollen sollen. Dennoch haben wir noch genug Möglichkeiten, uns als Menschen innerhalb dieser Vorgaben sinnvoll weiterzuentwickeln.

Man darf einfach nicht so viel auf die Worte schauen, das betone ich immer wieder. Das Verhalten von Menschen spricht letztlich die Wahrheit aus.

4

Glücklich durch polare Beziehungen

Definition Polarität: Was genau ist polare Energie?

Zu Beginn dieses Kapitels möchte ich betonen, dass die hier vorgestellten Erkenntnisse öffentlich sehr umstritten sind. Nach der allgemeinen Meinung haben die sozialen Geschlechter gleich zu sein bzw. es gibt gar keine Geschlechter – oder es gibt Dutzende davon. In den Tausenden von Paartherapiesitzungen, die ich bis heute geleitet habe, zeigte sich ein klares Bild dessen, was die Geschlechter wirklich wollen, und das weicht klar von der öffentlichen Meinung ab.

In der Polarität von Beziehungen gibt es meiner Ansicht nach nur zwei energetische Varianten des romantischen Verhaltens – unabhängig vom biologischen oder sozialen Geschlecht. Natürlich ist das nur ein kleiner Teil unserer Psyche, aber ein wichtiger. Es gibt diese zwei Arten, eine sexuelle Beziehung anzugehen, und bei allen Nuancen ist es wie mit Tag und Nacht: Es gibt zwar Millionen Übergänge, aber keine dritte Art. Natürlich ist Polarität keineswegs immer mit dem biologischen Geschlecht assoziiert, logischerweise vor allem bei queeren Beziehungen nicht.

Weiter werden wir feststellen, dass sich die männliche Polarität leichter beschreiben lässt als die weibliche. Außerdem kann man Polarität nur dann wirklich verstehen, wenn man sie als Pole einer zusammenhängenden Einheit auffasst. Sieht man nur eine Seite, dann ist das Verständnis nur ein halbes. Die Polaritäten sind eigentlich universale Grundenergien, die sich beim Menschen in bestimmten Einstellungen und Verhaltensweisen spiegeln. Später werden wir noch auf die konkrete Ausgestaltung eingehen.

Fangen wir mit der Beschreibung der männlichen Polarität an.

Männliche (Yang-)Polarität

In der Yang-Polarität geht es um eine zielgerichtete Energie wie die eines Schützen oder eines Jägers. Es geht darum, Ziele zu haben und diese trotz aller Widerstände zu erreichen. Es geht darum, eine Mission im Leben zu haben. Es geht dabei auch um Trennen im Sinne des Setzens klarer Grenzen und des Zurückweisens, um Schneiden im Sinne von Wehrhaftigkeit und des »Abschneidens« alter Projekte und dem

Starten neuer und um Entscheiden (in diesem Zusammenhang ist es ein schönes Ritual, wenn die Frau ein Kind bekommt und der Mann die Nabelschnur durchschneidet). Es geht auch um Ruhe, Besonnenheit, Coolness. Wie ein Berg sein, eine Schulter zum Anlehnen. Grob gesagt geht es mehr darum, »Dinge zu regeln«, und weniger um Emotionen und soziale Interaktion. Von der Energie her möchte die Yang-Polarität in die Auflösung gehen und sucht den entladenen Zustand.

Moderne männliche Polarität geht Risiken ein, aber sie überschreitet keine Grenzen. Sie respektiert das Anderssein. Vor allem feiert und verehrt sie die weibliche Polarität, ohne diese kleinhalten zu wollen. Aber männliche Polarität fordert auch Respekt für sich ein.

Wenn der Mann (oder allgemeiner: die Person in der Yang-Polarität) klar in seiner Polarität ist, zieht er eine Frau (oder die Person in der Yin-Polarität) geradezu automatisch in ihre eigene Polarität. Es sei denn, die Frau wehrt sich dagegen, weil sie aus »Kopfgründen« meint, das müsste anders sein, oder weil sie aufgrund schwieriger biografischer Erfahrungen lieber selber im Yang-Bereich bleibt.

Gibt es eine toxische Männlichkeit? Natürlich – und man kann und sollte sie auch ganz genau definieren. Der leider oft fließende Übergang findet da statt, wo der Mann seine Kraft und Energie nicht mehr zum Wohle des Ganzen einsetzt. Wir sind eine »Tierart«, bei der letztlich die Frau die Wahl hat, und dies fördert eigentlich eine gesunde Konkurrenz unter Männern. Nur wenn man als Mann die beste Version seiner selbst wird, hat man genug zu bieten, um auch sexuell ausgewählt zu werden. Wenn ein Mann die Regeln dieses Spiels missachtet und seine Kraft dazu einsetzt, eine Frau zur sexuellen Auswahl zu zwingen, in welcher Form auch immer, dann wird Männlichkeit toxisch.

Die Welt der sexuellen Selektion ist kein friedlicher Ponyhof. Frauen wollten schon immer starke Männer als (Sexual-) Partner, und früher beinhaltete das, dass der Mann sich gegen andere Männer durchsetzen kann und die Frau verteidigt. Frauen lehnen natürlich Gewalt gegen sich ab, aber finden gleichzeitig kämpfende Männer extrem attraktiv. Aus männlicher Sicht ist dieses Thema daher ambivalent. Viele Männer wollen »nett« sein, sehen dann aber, dass viele Frauen *bad guys* bevorzugen. Es gibt eine feine, aber durchaus klar definierte Linie, bei der Männer voll in ihrer Polarität sind, jedoch zugleich Grenzen respektieren. Sowohl Männer als auch Frauen sind dabei in ihrer Selektion nicht so klar und rational, wie wir das vielleicht zukünftig sein sollten.

Mangelnde Yang-Polarität äußert sich in einem Verhalten, das nach Anerkennung und Bestätigung von außen sucht. Der Mann ist nicht mehr in seiner Spur, in seiner Mission. Er sucht dann den Weg durch andere, und das wirkt schwach. Er wirkt unsicher, übermäßig emotional, jungenhaft. Er stellt andere, insbesondere die Partnerin, auf ein Podest und investiert zu viel Energie in Beziehungen. Auf einem Date fragt er, wie die Frau ihn denn findet. Er geht keine Risiken ein und macht nicht den ersten Schritt. Auch beruflich bleibt er farblos. Es gibt keine übergreifenden Ziele, die er verfolgt.

Weibliche (Yin-)Polarität

Die weibliche Polarität ist von der energetischen Signatur her fließend, verbindend und in die Weite weisend. Anders als die männliche Zielgerichtetheit ist sie eine gleichschwebende Aufmerksamkeit. Sie fühlt sich überall dort zu Hause, wo es um Kontakt und Beziehung in jeder Form geht. Sie ist spielerisch, wie etwa ein Vogel, der um den männlichen Berg fliegt. Sie ist nährend und versorgend (von der Energie her!). Sie ist vor allem Hingabe. Sie will Energien ansammeln und sucht Intensität.

Mangelnde Yin-Polarität zeigt sich durch Unzufriedenheit in Beziehungen, vor allem in Form von Meckern und kritisierendem oder sogar respektlosem Verhalten. Das Problem hierbei ist, dass die Frau (oder die Yin-Person) nicht in ihre Polarität gehen kann, wenn der Yang-Part nicht polar handelt. Der Mann kann dann nicht richtig respektiert werden, und ohne Respekt ist auch keine romantische Liebe möglich.

Es gibt natürlich auch Frauen, die grundsätzlich nicht in ihre Polarität finden, egal ob der Mann sich in seiner Yang-Energie befindet oder nicht. Das kann zum Beispiel passieren, wenn die Mutter ebenfalls eine männliche oder zumindest nicht sichtbare weibliche Polarität gelebt hat. Ein weiterer

Grund kann sein, dass eine Frau grenzüberschreitende Erfahrungen mit Männern gemacht hat, die sie nachhaltig geprägt haben. Das kann dazu führen, dass sie sich (verständlicherweise) mehr schützen und nicht mehr ohne Weiteres in das Vertrauen und die Hingabe gehen möchte. Dieser letztgenannte Prozess kann auch komplett unbewusst ablaufen.

Gibt es eine toxische Weiblichkeit? Ja, die gibt es selbstverständlich auch. Sie ist allerdings etwas komplexer als die toxische Männlichkeit, denn bei ihr geht das Nährende in das »Vergiftende« über. Weibliche Toxizität kann sich zeigen in einer Überemotionalität, die den Partner vollständig auslaugt. Sie kann sich auch in mangelnder Loyalität, Lästern hinter dem Rücken des anderen oder sogar falschen Anschuldigungen ausdrücken.

Datingpolarität versus andere Lebensbereiche

Jeder von uns kann sowohl Yin- als auch Yang-Energien in sich spüren. Wir werden in viele unterschiedliche Lebenssituationen gestürzt und brauchen dafür jeweils andere Skills. Das beinhaltet polares Verhalten aus der männlichen wie auch der weiblichen Seite. Dass wir situativ auf die jeweils angemessene Polarität in uns zurückgreifen, ist das Normalste von der Welt und passiert jeden Tag ganz automatisch.

Nehmen wir beispielsweise an, du bist Bauleiterin und leitest also Projekte in einer männlich dominierten Branche.

Oder du bist Geschäftsführerin in einem beliebigen Unternehmen. Das bedeutet, dass du vermutlich Fertigkeiten und Eigenschaften brauchst wie Entscheidungsfähigkeit, Klarheit, Zielorientierung oder auch Mitarbeiter entlassen oder sanktionieren zu können. Du musst dich ständig durchsetzen. Somit bist du im Grunde den ganzen Tag in der männlichen Polarität, und es ist stimmig für dich.

Genauso wird ein Mann seine weibliche Polarität abrufen, wenn er sich zum Beispiel als Erzieher darum kümmert, die Kinder in der Kita mittags zum Schlafen zu bringen.

Viele werden jetzt vielleicht einwenden, warum man denn die Unterteilung nach Polaritäten überhaupt braucht. Beide Geschlechter könnten doch beides. Das ist zunächst einmal theoretisch wohl so, aber real fühlt sich eben nicht jeder im anderen Pol unbedingt wohl oder muss sich dazu etwas überwinden.

Nur weil du tagsüber in einer Führungsposition deine Frau stehen willst oder musst, heißt das noch lange nicht, dass du das auch abends auf deinem Date machen willst. Es ist wirklich eine Kunst, dann um 20 Uhr im Restaurant plötzlich umzuschalten – ein Mann, der in seiner Polarität ist, hilft dabei. Gleiches gilt natürlich auch für Männer. Man merkt oft selber gar nicht richtig, dass man nicht in seiner Polarität ist, sondern registriert nur, dass es irgendwie hakt und man nicht in den richtigen Vibe kommt.

In diesem Buch geht es hauptsächlich um die Dating- und Beziehungspolarität. Was man den Rest des Tages macht, spielt nur am Rande eine Rolle. Was ist denn nun deine wirkliche Polarität? Das ist sehr einfach. Es ist die Polarität, mit der du dich beim Dating wohlfühlst. Ganz simpel. Leider haben aber viele Frauen und Männer Glaubenssätze, die dem entgegenstehen. Man stellt dann nicht die eigenen Glaubenssätze infrage, sondern schiebt es auf das Date.

Die mediale Rezeption der Polaritäten

Inwieweit passt die eben erfolgte Beschreibung der Polaritäten zu den oben genannten Datingpräferenzen? Auch wenn das nicht politisch korrekt ist, zeugt die männliche Polarität in letzter Konsequenz davon, dass der Mann die Frau beschützen und unterstützen kann. Die weibliche Polarität signalisiert hingegen, dass »empfangen« werden kann.

Sehr interessant finde ich die Rezeption dieser Themen in den Medien. Ein gutes Beispiel ist das Buch *Fifty Shades of Grey* von E. L. James aus dem Jahr 2011, das 2015 ebenfalls erfolgreich verfilmt worden ist. Wer es tatsächlich nicht kennen sollte: Es geht um die Liebesgeschichte einer Frau, die einen extrem erfolgreichen, mysteriösen Unternehmer kennenlernt. Er ist gleichzeitig sowohl äußerst charmant als auch kühl und emotional distanziert. Und: Er führt die Frau ein in die Welt von zumindest angedeuteter sadomasochistischer Sexualität. Im Verlauf des Romans kommt es natürlich zu zahlreichen Krisen, irgendwann durchbricht die

Frau aber die emotionale Mauer, und der Mann bekennt sich zu ihr.

Dieses Buch ist übrigens im Bereich Fan-Fiction entstanden, wo interessierte Autoren bekannte Storys weiterspinnen, in diesem Fall die romantischen Vampirfilme. Die Rechte für das Manuskript wurden dann für eine hohe Summe erworben und das Buch mit geänderten Namen der Figuren – und der Hauptdarsteller ist kein Vampir! – veröffentlicht. Unfassbar erfolgreich: Kein Buch hat sich schneller verbreitet, nicht einmal *Harry Potter*. Es wurde weltweit etwa 75 Millionen Mal verkauft – mit vor allem Frauen als Zielgruppe.

Wie konnte dieses Buch, das von der Handlung her eher wie ein Groschenroman wirkt, so erfolgreich werden? Aus einem einzigen Grund: Es bedient in meisterhafter Weise das Thema Polarität. So ist der männliche Protagonist geradezu ein Musterbeispiel für die Yang-Polarität. Er hat einen extrem hohen Status, ist sehr reich und in keiner Weise bedürftig. Er hat eine knallharte Mission, stellt die Regeln auf und weiß genau, was er will. Die sehr detailreich beschriebenen sexuellen Szenen veranschaulichen das Spiel von Dominanz (des Mannes) und Hingabe (der Frau). Obendrein ist er äußerst charmant, wobei er sich auch entwickelt: Er wird zunehmend freundlicher, ohne seine Polarität aufzugeben.

Die weibliche Protagonistin wiederum ist ein hervorragendes Beispiel für die Yin-Polarität. Sie wird zu nichts gezwungen, aber sucht die prickelnde Leidenschaft und vertraut ihm genug, sich ihm ganz hinzugeben, selbst wenn das bedeutet, an für sie neuen sexuellen Spielarten teilzunehmen. Im Buch und auch im Film wird die passive Hingabe mit all ihren Emotionen in aller Ausführlichkeit beschrieben. Es handelt sich dabei um keine reine Passivität, denn diese Hingabe transformiert mit der Zeit den Mann.

Man könnte das Buch als trivialen Softporno abtun, aber offensichtlich trifft es einen Nerv – und zwar gewaltig. Aus meiner Sicht triggert es die Sehnsucht, sich seiner Polarität völlig hinzugeben. Zugleich ist es auch ein Fantasieraum. Nur weil man das Lesen genießt, heißt es natürlich nicht unbedingt, dass man selber BDSM-Sex wirklich erleben will.

Ich denke, wir werden solche Medienphänomene noch öfter sehen. Ein anderes Beispiel ist der 2020 erschienene polnische Film *365 Tage*, der folgende Handlung aufweist: Die attraktive weibliche Protagonistin wird von einem hypermännlichen Gangster als Geisel genommen, und zwar so lange, bis sie sich in ihn verliebt. Eine absolut haarsträubende Storyline, die sich aber auch in diesem Fall als äußerst erfolgreich herausgestellt hat. Der Film avancierte in verschiedenen Ländern, darunter Deutschland, schnell zu einem der meistgesehenen Filme auf Netflix. Die knisternde Anziehung starker Polarität hat ihre eigenen Spielregeln, sie wirkt, auch wenn wir vom Kopf her etwas ganz anderes wollen. Diese medialen Phänomene stellen sich in aussagekräftiger Weise gegen den Mainstream, bei dem die Rollen in aller Regel ausgeglichen oder sogar invers sind (der Mann wird in einer eher femininen Polarität gezeigt).

Du kannst diese magnetische Datingkraft für dich nutzen, wenn du diese biologischen Grundlagen akzeptierst und dich nicht davon ablenken lässt.

Was ist deine Polarität?

Beobachte in nächster Zeit Rollenbilder in Filmen und anderen Medien. Welche Rollen sprechen dich an? Welche Männer/Frauen/Menschen gefallen dir spontan?

Rezipiere bewusst verschiedene Formate, etwa einen trivialen Liebesroman oder einen modernen, gesellschaftskritischen Film. Versuche dabei möglichst unvoreingenommen zu sein und die Reaktionen deines Körpers und deiner Psyche wertungslos zu beobachten. Das Ziel ist herauszufinden, welche Aspekte dieser Rollen du anziehend findest. Sind es immer die gleichen Aspekte? Fügt es sich in das hier besprochene Bild ein?

1. Gehe in dich und überlege, wen du in den letzten Monaten oder Jahren romantisch interessant fandest. Also nicht, wen du meinst, interessant finden zu »müssen«, sondern wer dich wirklich real interessiert hat. Sei auch hier wieder möglichst ehrlich. Es ist manchmal gar nicht so leicht zuzugeben, welche abenteuerlichen Wege unser romantisches Interesse geht. Das meiste

leben wir ohnehin nicht aus, was wahrscheinlich auch besser ist. Denke daran, dass die Natur keine Rosamunde-Pilcher-Filme produzieren wollte. Sie wollte, dass wir uns effektiv und kompromisslos fortpflanzen.

2. Was hast du in den Punkten 1 und 2 über dich gelernt? Welche Polarität magst du scheinbar?
3. Ein kleiner Hinweis dazu: Manche Menschen denken, dass ihre Polarität (wir sprechen nur über Dating) unklar ist oder oft wechselt. Das ist zwar möglich, meine Erfahrung ist jedoch, dass es für die meisten eine klare Einstellung gibt. Diese kann aber überlagert werden durch die Erziehung (die zum Beispiel im Einzelfall sagt, die Frau muss wie ein Mann oder der Mann soll ein »Softie« sein) oder auch ganz massiv durch die hier im Buch besprochenen gesellschaftlichen Prozesse.
4. Wenn du möchtest, installiere dir eine gängige Social-Media-App, die automatisiert für dich Kurzvideos abspielt (also 15–60 Sekunden lange Clips, die nach deinem Geschmack ausgesucht werden). Was du nach einer Weile präsentiert bekommst, wird das sein, was du anziehend findest, ob dir das passt oder nicht. Welche polaren Qualitäten fallen dir hierbei auf?
5. Manchmal können auch »heiße Träume« Hinweise darüber liefern, worüber du unbewusst fantasierst. Versuche in der nächsten Zeit einmal darauf zu achten.

Wie wichtig ist Polarität für Beziehungen?

Polarität ist extrem wichtig, wie ich hier hoffentlich klar darlegen kann. Aber sie ist natürlich nicht alles. Sie ist das, was man in der Mathematik eine notwendige, aber nicht eine hinreichende Bedingung nennt. Sie ist notwendig für funktionierende romantische Beziehungen, doch nicht jede polare Beziehung funktioniert auch wirklich langfristig. Es gehört noch mehr dazu. Polares Verhalten und Auftreten begünstigt in der Kennenlern- und Datingphase (dazu folgend mehr) den Erfolg, Langzeitbeziehungen haben allerdings auf der Alltagsebene noch weitergehende Erfordernisse. Eines ist dabei klar: Ohne Polarität leidet langfristig die sexuelle Ebene.

Jetzt könnte man einwenden, diese Ebene der freundschaftlichen Verbundenheit ist doch auch in Ordnung. Aber das ist leider nicht der Fall, denn die Natur hat uns doch in hohem Maße die Polarität einprogrammiert. Man kann sich natürlich einzureden versuchen, dass eine platonische Beziehung schön ist. Und wenn man sehr alt und/oder gesundheitlich stark eingeschränkt ist, mag das auch stimmen. Aber in aller Regel meldet sich irgendwann die »Natur« und schickt einen wieder auf die Suche nach dem Abenteuer, dem Prickeln. Deswegen schenke ich diesem Thema in meinen Paartherapien immer eine starke Beachtung. Man kann einfach keine Konflikte erfolgreich lösen, wenn der »Funken« nicht mehr gefühlt wird und die Beziehung träge dahinschleicht. Wenn zudem andere potenzielle Partner vor der Tür stehen, verschlimmert das die Lage natürlich zusätzlich. Gerade in Situationen, wo man zwischen zwei möglichen Partnern steht, »gewinnt« häufig derjenige, der mehr in seiner Polarität ist und damit als »kräftiger« wahrgenommen wird.

Auf der anderen Seite sorgt Polarität eben auch »nur« für die Chemie. Sie sagt in keiner Weise etwas darüber aus, wie gut man langfristig miteinander zurechtkommt, wie es also um die sogenannte Kompatibilität bestellt ist. Polarität ist auch in den meisten toxischen Beziehungen – zu diesem Thema kommen wir später noch ausführlich – reichlich vorhanden, doch diese sind ja offensichtlich auch nicht dauerhaft erfolgreich. Insofern sollte man sich bewusst machen, was man eigentlich will und als wie wichtig man eine polare Anziehung bewerten möchte. Es ist ein feiner Grat, auf dem wir am besten wandern. Sowohl bei einer Unter- als auch bei einer Überbewertung von Polarität werden wir in der Regel schnell unglücklich.

Eines der größten Probleme der Polarität ist, dass sie oft falsch verstanden wird. Es ist für Frauen sehr schwer, in einem romantischen Kontakt nachhaltig in ihrer Polarität zu bleiben, wenn der Mann es nicht ist. Leider schätzen insbesondere Frauen das Thema häufig falsch ein. So höre ich auch in meiner Community immer wieder falsche Beispiele für männliche Polarität. Häufig geht es dabei um Männer, die einen angesehenen Beruf oder einen gewissen Status haben – was natürlich der Yang-Polarität entspricht –, die aber gleichzeitig beispielsweise in einem Film, einer Serie oder im Reality-TV oder einfach im realen Leben eine Frau auf Händen tragen, ihr jeden Wunsch von den Lippen ablesen, alles für sie tun und so weiter. Tatsächlich ist das zwar nett, aber in diesem Ausmaß nicht polar. Die gleichen Frauen würden vermutlich schnell den Respekt vor diesen Männern verlieren, wenn das in der Realität so ablaufen würde.

Wenn man herausfinden will, wen man wirklich polar findet, dann braucht man nur im eigenen Leben zu schauen, welche Person einem nicht aus dem Kopf geht. Das kann vielleicht sogar jemand aus einer toxischen Beziehung sein (zu dieser Gefahr später mehr). Es geht dabei nur darum, das Konzept Polarität wirklich zu verstehen. Ich habe den Eindruck, dass nicht wenige Frauen zumindest einmal im Leben einen Mann daten, den sie eigentlich gar nicht mögen, der immer zu breit auftritt, ein bisschen arrogant und respektlos ist und nie Zeit hat. Ich höre immer wieder Geschichten von Frauen, die mit Männern im Bett landen, die in keiner Weise nett waren, manchmal sogar anstrengend und nervig. Und die freundlichen, liebevollen und zuvorkommenden landen in der Friendzone. Mir fällt das übrigens auch bei den woken Männern heutzutage auf. Die werden gerade auf Social Media sehr gehypt von der »Gender-Bubble«, aber ich bin mir sicher, dass sie es im echten Leben ziemlich schwer haben beim Dating. Sie agieren zumindest oft sehr »brav«.

Du musst diesen Konzepten keineswegs blind folgen, bilde dir am besten deine eigene Meinung dazu und erforsche sie in aller Ruhe für dich selbst. Wenn man die Welt verstehen will, gerade im romantischen Bereich, dann tut man gut daran, die Polarität und ihre Regeln zu begreifen.

Zum Zeitpunkt des Schreibens dieses Buches habe ich eine Netflix-Doku über Pamela Anderson gesehen, in der es um ihr Leben geht. Wer sie zufällig nicht kennen sollte, Pamela Anderson war *das* weibliche Sexsymbol der 90er-Jahre. Sie hatte auch die passende »Rock 'n' Roll«-Beziehung mit Tommy Lee. Es war bereits interessant, wie sie sich kennengelernt haben. Er ist ihr gegen ihren Willen nachgereist und hat wie ein Stalker jedes Hotel nach ihr abgesucht. Obwohl er sich überhaupt nicht woke oder »nett« verhalten hat, konnte er sie von sich überzeugen. Ein paar Tage später heirateten sie sogar. Am Ende ging die extrem turbulente Beziehung auseinander, vor allem, weil es zu Gewalt in der Beziehung von Seiten Tommy Lees kam. In der Doku sagt Pamela noch heute, dass es ihre »große Liebe« im Leben gewesen sei. Die Beziehung war offensichtlich sehr toxisch, aber dieses Beispiel zeigt eben auch, dass Polarität Nettigkeit übertrumpft. Das soll natürlich keinerlei Anreiz sein, Frauen schlecht zu behandeln! Man kann auch polar sein und sich trotzdem liebevoll verhalten.

Polarität versus Friendzone

1. Hast du schon einmal einen Partner in die Friendzone gesteckt? Also ihm gesagt, dass ihr ja »Freunde« bleiben könnt, aber du weiter nichts von ihm/ihr willst? Überlege einmal, welche Anteile Polarität versus Kompatibilität, also die Freundschaftsebene, es gab. Es geht jetzt übrigens nicht darum, deine Entscheidung infrage zu stellen. Was hat diesen Menschen passend für eine freundschaftliche Beziehung gemacht, aber nicht für eine Partnerschaft? Vielleicht sagst du dir einfach, es »hat halt nicht gefunkt«. Aber was hat das genau ausgemacht? Bei welchen Partnern funkt es denn? Was machen diese anders? Was finden wir attraktiv?

   Ganz allgemein sehe ich fünf Ebenen der Attraktivität im weiteren Sinne:

   - Optik: Die meisten von uns haben ein visuelles »Beuteschema«, unabhängig vom Alter. Dies hängt tatsächlich in Teilen von der Optik der primären Bezugspersonen ab.
   - Bindungsstile: Diese sind teilweise genetisch, teilweise durch die Erziehung bedingt. Manche Bindungsstile haben mehr magnetische Anziehung als andere.

- Charakter: Wie gut wir miteinander im Alltag klarkommen und zusammen Spaß haben.
- Sexuelle Orientierung: Betrifft die sexuelle Kompatibilität.
- Polarität: Die Anziehung von Yin- und Yang-Energien.

2. Versuche, die Bereiche 1–4 innerlich auszublenden und die Ebene 5 ganz explizit zu beleuchten: Was ist anders bei den Partnern, die du in die Friendzone gesteckt hast?
3. Wann ist eine Liebesbeziehung zur reinen platonischen Freundschaft geworden? Versuche wieder speziell Ebene 5 zu untersuchen. Vielleicht denkst du, du wärst einfach nicht mehr so verliebt gewesen. Aber hat sich nicht vielleicht auch etwas in der Polarität verändert? Seid ihr zu gleich geworden? Habt ihr nur noch Zeit zusammen verbracht? Hat dein Mann dich nicht beschützt? Hat deine Frau dich nicht aufgebaut?

Polarität und Kennenlernen

Wir haben bisher untersucht, woher der Wunsch nach polarem Verhalten kommt und welche Formen es im Allgemeinen annehmen kann. Daraus ergibt sich auch relativ zwanglos, wie sich ein attraktives Verhalten beim Kennenlernen, also dem sogenannten Pick-up, zeigt.

Pick-up

Der Begriff Pick-up ist vor allem aus der gleichnamigen Pick-up-Szene bekannt. Diese hat keinen guten Ruf, wie auch die darin agierenden »Pick-up-Artists«. Es geht darum, Techniken und Verhaltensweisen zu lernen, die dazu führen, dass man Frauen leichter ansprechen kann. Das könnte ja durchaus sinnvoll sein, leider sind aber generell manipulative oder frauenfeindliche Aspekte inkludiert. Es geht zudem meist nicht darum, Beziehungen auf Augenhöhe einzugehen, sondern schlicht den »Body Count« zu maximieren, also die Zahl erfolgreicher Verführungen.

Den Begriff selbst finde ich aber nützlich, weil er darauf hinweist, dass es drei unterschiedliche Phasen im Dating gibt:

1. **Pick-up:** Phase des ersten Zusammentreffens und Kennenlernens
2. **Dating:** Phase der gegenseitigen Annäherung
3. **Beziehung:** Phase der längerfristigen Partnerschaft

Jede dieser drei Phasen stellt eigene Anforderungen an den Einzelnen, die er mehr oder minder gut erfüllt. Es ist wichtig, diese Unterschiede anzuerkennen. Tatsächlich muss der erste Kontakt irgendwo stattfinden, egal ob man das Objekt der Begierde an der Tiefkühltheke anspricht oder es ein Match auf einer Dating-App ist – und ebendas ist die Pick-up-Phase.

Nach dieser Definition gibt es in *jeder* Beziehung eine solche Phase, so kurz sie auch sein mag.

Was macht Männer in der Kennenlernphase attraktiv?

Wie wir gesehen haben, gibt es auch bei dem Tier »Mensch« die Female Choice. Sie führt zu einer vermehrten Konkurrenz unter den Männchen. Aber welche Aspekte des menschlichen Männchens, also Mannes, machen ihn attraktiv? Die Eigenschaften, die der Frau am meisten nützen, um ihre Gene weiterzugeben. Da die Frau früher Schutz und Unterstützung brauchte, ergibt es Sinn, einen wehrhaften Mann zu daten. Zweitens ist es erfolgversprechend, wenn der Mann über reichlich Ressourcen verfügt. Diese können sowohl Materielles als auch Netzwerke und gute Verbindungen sein. Drittens sollte er ihr natürlich wohlgesonnen sein. Zu guter Letzt ist es vorteilhaft, einen Mann zu daten, der gesund ist.

Wie können Frauen nun herausfinden, ob diese Merkmale erfüllt sind? Und das ohne Hilfe des Internets, das es ja über Jahrtausende nicht gab. Sie müssen es hauptsächlich aus dem Verhalten und der physischen Erscheinung des Mannes erschließen. Tatsächlich können wir Menschen erstaunlich gut schnell einschätzen bzw. testen. Um herauszufinden, ob ein Mann beispielsweise Mut hat, gibt es einen ganz einfachen

Weg: Hat er – salopp gesagt – genug »Eier«, die Frau anzusprechen und ihr zu offenbaren, dass er an ihr interessiert ist? Hat er den Mut, nicht nur Smalltalk mit ihr zu machen, sondern auch seine sexuelle Intention zu zeigen? Daran scheitern heutzutage schon Millionen Männer bzw. sie trauen sich das gar nicht mehr – und wenn, dann nur aus der sicheren Deckung irgendeines Messenger-Accounts heraus. Aus meiner Sicht spielt hierbei die antipolare Propaganda, die wir zu Beginn des Buches betrachtet haben, eine Rolle.

Wenn ein Mann sich nicht traut, eine Frau anzusprechen, obwohl diese eindeutige Signale gegeben hat, ist das für sie extrem frustrierend und regelrecht abtörnend. Frauen möchten am liebsten an der sprichwörtlichen Tiefkühltheke angesprochen werden (vielleicht nicht alle, aber von vielen höre ich das tatsächlich). Hilfreich ist dann natürlich, wenn der Mann zudem nicht vor Aufregung zittert – das würde nicht allzu mutig wirken. Außerdem demonstriert ein Mann Stärke, wenn er weiß, was er will, und nicht zögert. Deshalb wirkt so ein simpler erster Satz wie »Ich möchte dich gern kennenlernen« sehr kräftig. Er entschuldigt nicht, er fordert nicht, er ist direkt und nicht verschlungen.

Des Weiteren beobachten Frauen Männer in der Interaktion. Viele Frauen finden es attraktiv, wenn ein Mann Konflikte austrägt und diese gewinnt. Der Sieger bekommt gewissermaßen noch eine Frau obendrauf. Wie wir bei der Besprechung der Yang-Polarität gesehen haben, gehört hierzu, dass der Mann sich durchsetzen und Grenzen ziehen können muss, auch der Frau gegenüber. Männer, die ihre Frauen auf ein Podest stellen und ihr jeden Wunsch von den Augen ablesen, triggern dieses Muster nicht positiv.

Schließlich ist an dieser Stelle die physische Erscheinung des Mannes interessant. Männer mit Muskeln, einem V-Körperbau (breiten Schultern, schmalen Hüften) oder ganz allgemein einer Größe über 180 cm (und unter 195 cm) haben deutliche Vorteile auf dem sexuellen Markt. Sie demonstrieren Kraft wie auch die Fähigkeit zur Dominanz und Durchsetzung. Weiter finden Frauen Anzeichen eines hohen Testosteronwerts anziehend, der teilweise am Körperbild abgelesen werden kann. Neben Muskeln ist zum Beispiel ein kantiges Kinn Anzeichen hierfür. Das alles müssen wir nicht bewusst wissen, wir reagieren einfach instinktiv darauf.

Auch vermutete Ressourcen und Netzwerke eines Mannes (oder eines Menschen in der männlichen Polarität) lassen sich gut von außen erkennen. Dies ist die ganze Thematik des Status eines Mannes. Ich denke, niemand wird wirklich bezweifeln, dass reiche Männer oder solche in Führungspositionen über eine höhere Anziehung verfügen. Wenn eine Frau zwischen zwei physisch etwa gleich attraktiven Männern steht, wird sie in aller Regel den status-mäßig höher stehenden wählen. Diese Bevorzugung ist umfangreich überprüft worden, unter anderem anhand der typischen Texte von Heirats- und Kennenlernanzeigen. Es handelt sich dabei um ein kulturübergreifendes Phänomen.

Zum Status gehört auch die wahrgenommene Stellung in lokalen Gruppen, wie beispielsweise in einem Seminar, der Tauchgruppe oder dem Tennisclub mit Trainern. Männer, die etwas führen, Wissen vermitteln und auch nur leicht erhöhte Positionen haben, werden als attraktiver wahrgenommen. Der Status in der lokalen Gruppe reicht also, man muss nicht allgemein gesellschaftlich eine hohe Position haben.

In den Jahrzehnten als Paartherapeut ist mir immer wieder aufgefallen, wie sehr Frauen es verabscheuen, wenn ihr Partner keine klare berufliche Mission hat. Dabei geht es gar nicht so sehr darum, dass er übermäßig viel Geld verdient (schadet natürlich nicht), es reicht, wenn er für eine Idee oder ein Projekt brennt und damit vorankommt. Auch der freakige und von Musik besessene Jazzpianist aus der Eckkneipe hat eine Mission, selbst wenn er damit nicht viel verdient. Die meisten Frauen mögen es zudem nicht, wenn sie ein höheres Einkommen haben als ihr Mann. Dennoch ist das Wichtigere die Mission und nicht die Menge an Geldvermögen (es sei denn, es geht um extremen Reichtum).

Die Netzwerkfähigkeiten des Mannes nennt man in der Datingpsychologie »Social Proof«. Frei übersetzt ist damit die Anerkennung von Fähigkeiten durch eine Gruppe gemeint. Ein Mann mit einer ihn bewundernden Gruppe von Freunden hat Social Proof, zum Beispiel in einem Club. Wie auch eine Person mit vielen Followern in den sozialen Medien oder einem »blauen Haken« auf Instagram. Oder auch jemand, der auf einem Foto eine große Menschenmenge mit einem Vortrag begeistert. Ob das alles wirklich korrekte Annahmen sind, sei dahingestellt. Dennoch hat uns die Evolution darauf getrimmt, unbewusst nach bestimmten Signalmarkern Ausschau zu halten.

Natürlich zählen auch klassische innere Werte. Eine Frau sucht nicht nur nach Körperlichkeit aus, sie möchte auch einen Mann haben, der nett »genug« ist und bei dem sie sich sicher fühlt. *Zu* freundlich darf er natürlich nicht sein, das würde wieder auf Kosten der Durchsetzungsfähigkeit und Kraft gehen. In der initialen Pick-up- und der darauf folgenden Datingphase sind Männer eigentlich immer intuitiv zuvorkommend. Leider hält das in toxisch-narzisstischen Beziehungen aber nicht lange an. Frauen scheinen allerdings über ihre Lebensspanne besser darin zu werden, die Charakterzüge frühzeitig erkennen zu können.

Last, but not least: Auch eine attraktive (Ex-)Freundin erhöht den Status des Mannes!

James Bond als Muster männlicher Polarität

Ein besonders gutes Beispiel für männliche Polarität beim Kennenlernen ist immer noch James Bond. Die alten James-Bond-Filme sind zwar ohne Frage noch sehr frauenfeindlich, und er ist definitiv kein Vorbild für sichere Bindungen. Aber was Pick-up angeht, ist der Vibe von ihm (bzw. wie er dargestellt wird) einfach perfekt. Er ist offensichtlich reich, hat hohen Status, ist durchtrainiert und geheimnisvoll. Er kann sich wehren, gewinnt jeden Kampf und ist damit logischerweise durchsetzungsstark. Gleichzeitig ist er aber auch charmant, witzig, galant, weiß, sich zu kleiden, und hat hohen Social Proof. Er hat eine extreme Mission, die immer mit dem Tod enden könnte, und sie allein hat seine höchste Priorität. Die Frauen lernt er gewissermaßen nur »bei der Arbeit« kennen. Er hat keinerlei Angst vor Frauen, egal wie hübsch sie sind, und behandelt alle gleich (dazu später mehr). Seine innere Haltung lässt sich wie folgt zusammenfassen: »Natürlich willst du mich, jede Frau will mich, warum solltest du anders sein?« Und das auf eine sehr einnehmende Art. Diese Ausstrahlung ist für Frauen geradezu unwiderstehlich, nicht nur im Film.

Die Gesellschaft möchte ein Verhalten, wie James Bond es an den Tag legt, gern verurteilen. Männer sollen sich möglichst anders verhalten. Aber warum sollte ein Mann das tun, wenn die Frauen ihn so anziehend finden? Das ergibt keinen Sinn. Wichtig dabei ist: Wir betrachten hier immer noch die Phase des Pick-ups, keineswegs der Beziehung.

Was macht Frauen in der Kennenlernphase attraktiv?

Betrachten wir nun, welche Aspekte das menschliche Weibchen, also die Frau – oder eben auch eine Person in der weiblichen Polarität –, anziehend erscheinen lassen. In biologischer Hinsicht ist hier vor allem die Fähigkeit zur Reproduktion zu nennen. Männer finden, wie schon erwähnt, aus diesem Grund generell junge Frauen attraktiv. Dies belegen Studien immer wieder. »Jungsein« ist dabei jedoch ähnlich relativ wie der Status beim Mann. Auch in diesem Fall wird es in Relation zu einer Gruppe bewertet und nicht von einem absoluten Standpunkt aus. Auch ältere Frauen können durchaus relativ »jung« wirken. Keineswegs sollte »frau« die Flinte ins Korn werfen, nur weil sie vom Pass her nicht mehr die Jüngste ist.

Man kann es drehen und wenden, wie man will: Körperliche Attraktivität ist das wichtigste weibliche Merkmal für den Mann. Das wahrgenommene Alter ist dabei aber nur ein Faktor. Instinktiv betonen Frauen schon seit Jahrtausenden über das Schminken, wonach Männer intuitiv Ausschau halten. So zeigen volle Lippen beispielsweise ein hohes Maß weiblicher Sexualhormone an. Volles, kräftiges Haar sowie eine reine, makellose Haut ohne Verletzungen, Unreinheiten etc. weisen auf einen guten Gesundheitszustand hin (zumindest aus evolutionärer Sicht). Auch große Augen sind für Männer attraktiv, dementsprechend werden sie von Frauen besonders betont.

Sehr attraktiv wirkt zudem ein symmetrischer Körper. Asymmetrien entstehen unter anderem durch Krankheiten und Unfälle. Wenn man viele Bilder von Frauengesichtern übereinanderlegt, ist das entstehende Gesicht besonders schön, vermutlich, weil dadurch Asymmetrien nivelliert werden.

Männer bevorzugen übrigens keineswegs immer besonders dünne Frauen. Zumindest scheint dieser Trend gerade im Wandel begriffen zu sein. Eine Studie in den USA konnte belegen, dass Männer im Schnitt »normale« Konfektionsgrößen präferieren.[33] Ein anderes Merkmal wird von Männern jedoch als sehr attraktiv wahrgenommen: das Taille-Hüft-Verhältnis. Unabhängig vom Gesamtgewicht wird hier ein niedriger Wert bevorzugt – dieser entspricht der sogenannten Sanduhrfigur.[34]

Der Wert von Schönheit im Lauf der Zeit

Wenn man sich die Medien anschaut, scheint Attraktivität immer wichtiger zu werden. Ist das wirklich so? Ja! Wir haben Daten aus den 30er-Jahren des letzten Jahrhunderts bis heute. In jedem Jahrzehnt ist subjektive Schönheit dabei wichtiger geworden. Aber: Frauen schätzen sie gleichbleibend weniger wichtig ein als Männer. Auf einer Skala von 0–3 lag die Wichtigkeit von körperlicher Attraktivität 1939 für Männer bei 1,50, für Frauen bei 0,94. 1989 lagen die Werte schon bei 2,11 und 1,67.[35]

Auch für Männer sind Status und Netzwerk der Frau wichtig. Allerdings definieren Männer den weiblichen Status teilweise anders. Auch ihnen gefällt, wenn eine Frau selbstbewusst ist, innerhalb der lokalen Gruppe heraussticht und hier Anerkennung erfährt. Insgesamt erfolgt die Statusbewertung aber wieder in hohem Maß über die Optik. Dabei spielt natürlich nicht nur das Alter eine Rolle, sondern die Gesamterscheinung. Nicht umsonst investieren Frauen so viel Zeit, Energie und Geld, um sich immer wieder neu zu kleiden, zu schminken und »zurechtzumachen«.

Es gibt in der Datingszene den schönen Spruch »Männer müssen erst *werden*, Frauen *sind* einfach«. Gemeint ist damit Folgendes: Die Attraktivität des Mannes, diese spezielle männliche Ausstrahlung, entsteht erst mit wachsender Lebenserfahrung, steigenden Ressourcen, hohem Status oder zumindest zunehmender körperlicher Fitness. Der Mann investiert in sich selbst und erschafft so die beste Version seiner selbst. Natürlich sind auch viele junge Männer erfolgreich beim Kennenlernen. Aber für zahlreiche Männer kommt der Gipfel der Sichtbarkeit und des Erfolgs beim Dating erst jenseits der Dreißiger, Vierziger oder sogar Fünfziger. Frauen sehen dagegen in aller Regel einfach gut aus in jüngeren Jahren und brauchen anfangs weiter nicht viel zu tun. Wie bereits erwähnt, steht einer gutaussehenden Frau Anfang der Zwanziger die Männerwelt mehr oder weniger komplett offen.

Die Schattenseite davon ist allerdings, dass Männer mehr für ihre Sichtbarkeit tun können, da sie sich diese erarbeiten können. Bei Frauen ist sie in jungen Jahren vielfach schlicht gegeben, aber nimmt mit voranschreitendem Alter tendenziell immer weiter ab. So ganz schwarz/weiß ist das natürlich nicht, es sind vielmehr Tendenzen. Viele Frauen in der heutigen Zeit verweigern sich dem »Schönmachen« und halten es für sexistisch, altmodisch und überholt. Es steht natürlich jeder Person frei, das so zu sehen, dann muss man aber auch die Konsequenzen hierfür tragen (eben weniger wahrgenommen zu werden).

Polares Kennenlernen

Männer lieben es, die Frau zu erobern, sie müssen immer ein wenig um sie kämpfen. Sie können es nicht wertschätzen, wenn es zu einfach ist und ihnen alles präsentiert wird. Aber zu kompliziert darf es auf keinen Fall sein. Beim Kennenlernen reicht es für einen Mann aus, dass die Frau überhaupt auf die Annäherung eingeht und zum Beispiel Nummern getauscht werden. Die Einschätzung weiblicher Polarität erfolgt später.

Für Frauen ist es wichtig – das gehört auch zu ihrer Polarität –, dass sie zur richtigen Zeit am richtigen Ort sind. Sie begeben sich dann gewissermaßen in den Orbit des Mannes und werden entsprechend wahrgenommen. Dazu dient natürlich auch das Schminken, die passende Kleidung etc. Meines Dafürhaltens scheitern viele Frauen insofern beim

Dating, als sie sich einfach nicht ansprechbar machen. Selbst wenn sie an den richtigen Orten sind (was natürlich auch die Starbucks-Schlange sein kann), verschließen sich viele von ihnen energetisch. Sie schauen weg, nach unten und haben eine distanzierte Körpersprache. In aller Regel soll das wahrscheinlich auch so sein, weil Frauen natürlich oft nicht angesprochen werden wollen, und wenn, dann nur von ganz bestimmten Männern. Sie dürfen allerdings nicht erwarten, dass der Richtige sie trotz der abweisenden Körpersprache schon ansprechen wird. Zum Prinzip Female Choice beim Kennenlernen gehört ganz wesentlich, dass die Frau das Aussuchen auch wirklich praktiziert. Die Wahl zu haben bedeutet dabei nicht, jemanden aus einer langen Liste auszusuchen. Vielmehr ist es ein aktiver, teils auch biologisch gesteuerter Prozess, den man natürlich auch beeinflussen kann.

Wie macht also eine Frau auf sich aufmerksam? Indem sie den Mann wiederholt anschaut, den Blick jeweils danach senkt, den Mann visuell »abcheckt« und natürlich auch kurz anlächelt. Außerdem dadurch, dass sie sich in seine Nähe begibt und es gegebenenfalls sogar zu scheinbar zufälligen Berührungen kommt. Es gibt den treffenden Spruch »Wenn der richtige Mann da ist, ist jede Tür bei der Frau offen, und man muss nur durchgehen«.

Auch das ist ein aktiver Prozess.

Unpolares Kennenlernen

Ein Kennenlernen, in dem beide Personen nicht in ihrer Polarität sind, findet im Alltag auch immer wieder statt. Wir erinnern uns nochmal: Polarität ist in erster Linie eine bestimmte Energie, die transportiert wird. Ich sehe vor allem drei Bereiche, die teilweise ineinander übergehen, für ein solches eher frustrierendes Zusammenkommen:

1. **Die Frau übernimmt den aktiven Part:** Alles, was wir oben als typisch männliche Aufgaben eingeordnet haben, kann natürlich auch die Frau übernehmen. Sie übt also nicht nur die Female Choice aus, sondern spricht darüber hinaus den Mann an, fragt ihn beispielsweise nach seiner Nummer, lädt ihn zu einem Kaffee ein, initiiert den ersten Kuss etc. Für die meisten Frauen fühlt sich das irgendwie falsch an. Dennoch greifen manche vielleicht auf dieses Verhalten zurück, wenn der Mann in ihren Augen sehr begehrenswert erscheint, beispielsweise aufgrund seines Aussehens oder seines hohen Status. Oder sie finden es modern, da es der woken Mentalität entspricht, die gerade propagiert wird. Es ist natürlich nicht ausgeschlossen, dass es zum Erfolg führt, vielleicht kommen einige Paare tatsächlich so zusammen. Meiner Erfahrung als Paartherapeut nach hat das aber viele Risiken. So ziehen Frauen mit diesem Verhalten häufig Männer an, die sich nicht *richtig* für die Frau interessieren. Vielleicht, weil sie bindungsängstlich, schüchtern oder einfach nicht wirklich verliebt

sind. Den ersten Kuss zu initiieren ist dann vielleicht nicht das größte Problem, aber wenn alles Folgende auch von der Frau eingeleitet werden muss, dann ist das für sie auf die Dauer extrem frustrierend. Desinteresse und Passivität des Mannes wirken in einer Beziehung in keiner Weise anziehend. Mehr dazu später, wenn es um unpolare Beziehungen geht.

2. **Der Liebeschip bestimmt die Show:** Der »Liebeschip« – ein von mir geprägter Begriff, über den ich in meinen vorherigen Büchern bereits viel geschrieben habe – ist die Ansammlung meist unbewusster Prägungen und Glaubenssätze, die oft in der Kindheit entstand, häufig aber auch später durch Beziehungserfahrungen überformt wird. Wenn eine Person also beispielsweise schlechte Erfahrungen gemacht hat mit einem »negativ« männlichen Vater oder Partnern, dann lehnt sie vielleicht männliche Polarität unbewusst ab und versucht den Mann zu »kontrollieren« – und damit auch den Datingprozess. Das mag zwar die unbewussten Ängste in Schach halten, aber leider lassen sich die noch viel tiefer sitzenden evolutionären Dynamiken nicht so schnell austricksen. Zum Beispiel wird es doch in der Regel irgendwann von Frauen als unattraktiv empfunden, wenn der Mann »kein Rückgrat« hat.
3. **Zwanghaft dem woken Anspruch der Gesellschaft folgen:** Der aktuelle Mainstream in westlichen Gesellschaften vertritt Wokeness. Diese Haltung beinhaltet unter anderem, alle möglichen sexuellen Normen und

Einschränkungen hinter sich zu lassen: Alles geht, alles ist möglich, je ausgefallener, desto cooler. Der emanzipatorische Impuls dahinter ist zwar löblich und absolut verständlich, Polarität hört sich dann aber natürlich an wie ein Konzept aus dem 19. Jahrhundert. Zieht man in Betracht, welche Serien und Bücher überaus erfolgreich sind, dann erkennt man, dass sich in den Präferenzen jedoch nicht so viel geändert hat. Neben den schon angeführten Beispielen im Kapitel »Die mediale Rezeption der Polaritäten« sei hier noch die auf Netflix laufende Serie *Bridgerton* genannt. Sie ist durch und durch in dem Sinne woke – positiv, wie ich finde –, dass die amourösen Abenteuer einer fiktiven englischen Adelsgesellschaft aus einem vorherigen Jahrhundert breit mit verschiedenen Hautfarben besetzt werden. Was gezeigt wird, ist aber wieder männliche und weibliche Polarität in Reinkultur, und die Zuschauer lieben es einfach! Manche Menschen bemühen sich heute bewusst, ihre sexuelle Auswahl ganz »frei« zu lassen, weil alles andere »patriarchalisch« wäre. Aber wie schon einmal erwähnt, gilt hier: Man kann nicht wollen, was man will. Häufig führt so ein Verhalten nur zu Unglück in Beziehungen. Wenn ich sehe, wer mit wem zusammen ist, auch in der woken Szene, dann ist es sicherlich freier geworden in Hinsicht auf das (auch soziale) Geschlecht der Partner, ansonsten hat sich aber gar nichts geändert. Ich persönlich finde, dass das inkonsequent und eigentlich auch eine Mogelpackung ist.

Es ist gut, dass Gleichberechtigung für alle Menschen erzielt wird. Es ist gut, dass Homosexualität und Queerness immer normaler werden. Innerhalb der gesellschaftlichen Subgruppen sehe ich aber immer wieder eine Wiederholung der gleichen sexuellen Präferenzen. Ich kann als lesbische oder bisexuelle Frau andere Frauen lieben, aber die Frau, die ich liebe, wird auch wieder durch die Filter Aussehen und/oder Status gesehen. Wenn die Queerness wirklich grenzenlos wäre, würde die Generation Z beispielsweise die »Boomer« – und damit also das Alter – nicht so vehement ablehnen.

Leichter Menschen kennenlernen

1. Überlege, welche der genannten Verhaltensweisen zum Kennenlernen du bereits nutzt, wahrscheinlich vor allem unbewusst.
2. Greife dir für die nächsten 30 Tage ein Übungsfeld für den Alltag heraus. Hier ein paar Beispiele:
   - **Suche Augenkontakt mit Menschen, die dir gefallen:** Wenn du zu Fuß unterwegs bist, sage dir innerlich: »Ich bin offen für Kontakte.« (Damit ist hier vor allem die erste Stufe, Augenkontakt, gemeint.) Dann schaue, wer dir über den Weg läuft. Wer

gefällt dir? Du sollst dann nichts weiter tun, als diesen Menschen kurz ins Gesicht zu blicken. Du stellst also die Möglichkeit eines Augenkontakts her. Wenn der andere woanders hinschaut, dann ist das kein Problem. Es gehören eben zwei dazu. Es reicht auch, einen Minisekunden-Augenkontakt zu haben.

- **Lächle Menschen an:** Dies ist einfach die Erweiterung der vorherigen Übung. Schau noch einen Moment länger hin, und vielleicht ergibt sich ein Lächeln, wer auch immer damit startet. Wenn es nicht erwidert wird: Das ist nicht schlimm. Das Schamgefühl, das aufkommt, wenn jemand nicht mitmacht, ist eigentlich viel weniger schlimm, als dass du so viele Chancen verpasst.
- **Smalltalk:** Übe ihn überall und mit jedem. Das ist nicht unbedingt die Steigerung zum vorigen Schritt, sondern eine eigene Aufgabe. Natürlich darf aber aus einem Lächeln auch mehr werden! Diese Aufgabe ist ganz allgemein gemeint: Wenn du beim Einkaufen in einer Schlange stehst, sprich mit der Person vor oder hinter dir. Sag etwas zu den Leuten in der Skigondel. Rede beim Sport. Überall triffst du auf Menschen, die gern ein paar Worte wechseln. Dabei ist es erst einmal egal, welches Alter oder

Geschlecht dein Gegenüber hat. Es spielt keine Rolle, ob diese Person für dich als Partner infrage kommt. Es geht einfach darum, dass es sich natürlich für dich anfühlt, fremde Menschen anzusprechen. Wozu? Stell dir vor, du triffst die tollste Frau oder den attraktivsten Mann und kannst, ohne nachzudenken, in den Smalltalk übergehen, ganz natürlich. Wie schön wäre das?

- **Mache Komplimente, ohne etwas im Gegenzug zu erwarten:** Komplimente sind besser als ihr Ruf. Sie gelten als etwas in die Jahre gekommen bis sogar altmodisch. Aber mal ehrlich, wir haben doch alle unsere Egos, und die wollen auch etwas gestreichelt werden, oder nicht? Das Problem ist, dass das Kompliment oft »beladen« ist. Es ist wie ein trojanisches Pferd. Es besagt ein wenig überspitzt: Ich mache dir jetzt ganz viele Komplimente, und du bist dann gefälligst begeistert. Und in der Folge darf ich dich küssen. Sobald wir eine gewisse Erwartungshaltung spüren, das Kompliment also nicht ganz frei daherkommt, zucken wir zurück und fühlen uns ein wenig unwohl.

  Ganz anders ist es aber, wenn du sozusagen im Vorübergehen ein Kompliment machst. Ein Beispiel: Du gehst als Mann an einer tollen Frau vorbei, stoppst kurz und machst ihr ein ganz spezifisches Kompliment. Das bedeutet, dass du nicht etwas Generisches wie »Du bist hübsch« sagst, sondern etwa: »Hey, cooler Kleidungsstil!« Dann gehst du einfach langsam weiter – und demonstrierst damit, dass du wirklich nichts weiter im Sinn hattest. Du wirst es nicht glauben, aber das ist äußerst attraktiv, und vielleicht wird die Frau dich aufhalten weiterzugehen.

Polarität und Dating

Nach dem Kennenlernen ist die Pick-up-Phase beendet, und es folgt die viel längere Datingphase. Unabhängig davon, wann es zu einem Commitment bzw. einer Benennung als Beziehung kommt, würde ich generell die ersten drei Monate der Datingphase zuordnen.

Während man beim Kennenlernen noch einen »Zufallstreffer« landen kann und ein erstes Date erhascht, darf man sich heutzutage im Datingprozess fast schon keine Fehler mehr erlauben (außer man sieht atemberaubend gut aus oder hat einen extrem hohen Status).

Manche Menschen legen einen Attraktivitätsscore von 1–10 an ihre Dates an. Ab einer 6 ist man dann gewillt, jemanden mit romantischen Perspektiven zu treffen. Im Datingprozess kann man sich viele Fehler leisten, wenn man direkt als 9+ eingestuft wird. Wenn man aber als 6 anfängt, ist man gezwungen, ein gutes »Game« abzuliefern und sich hochzuarbeiten.

Es gibt natürlich viele mögliche Fallstricke, die wir hier nicht alle beleuchten können. Ich würde aber sagen, der größte Fehler, der nicht allgemein bekannt ist, besteht darin, die eigene Polarität zu vernachlässigen.

Worauf kommt es also im Datingprozess an? Wie oben schon erwähnt, darf man natürlich allgemein sozial nettes und einigermaßen verlässliches Verhalten nicht unterschätzen. Selbst die größten Narzissten wissen, dass man erst einmal freundlich auftreten muss. Schauen wir uns im Folgenden im Detail an, welches Verhalten für Männer und Frauen (bzw. wie immer bitte mitdenken: Personen in der männlichen und weiblichen Polarität) angemessen ist.

Als Mann erfolgreich daten

Wenn man einmal verstanden hat, was Frauen beim Mann »energetisch« anziehend finden, ergibt sich vieles zwanglos. Auch im Datingprozess mögen Frauen es, wenn der Mann Stärke beweist. Hieraus lässt sich schon ableiten, dass alle Arten von Unsicherheiten und Bedürftigkeiten nicht gut ankommen.

Stärke zeigt sich auch in einem proaktiven Führungsverhalten. Dieser Punkt ist besonders heikel zu verstehen, weil er zu suggerieren scheint, dass die Frau sich unterordnen sollte. Doch das ist nicht der Fall – und immer wieder muss man sich in Erinnerung rufen, dass es nur um den Datingbereich geht. Proaktive Führung bedeutet, dass der Mann weiß, was er will, und sein Vorhaben konsequent umsetzt. Viele Frauen schwärmen davon, wenn sich ihr Mann »nimmt, was er will«. Auch das hört sich aus der Distanz etwas gruselig an, aber diesen Genuss hat die Frau nur, wenn sie den Mann auch wirklich anziehend findet. Wenn sie einen Mann ablehnt, will sie natürlich überhaupt nicht, dass er sich irgendetwas nimmt.

Das Geheimnis ist, das Ganze als ein energetisches Spiel zu verstehen, bei dem die Frau eine Rezeptivität zeigt, also signalisiert (oft sehr subtil), dass sie bereit für mehr ist. Sie sendet sozusagen die Botschaft: »Hey, die Tür ist offen.« Der polare Mann versteht dies richtig und geht einfach durch die Tür. Mehr ist es eigentlich gar nicht, aber für beide Geschlechter oder Polaritäten birgt dieses ewige Spiel unfassbar viel Genuss und Freude.

Betrachten wir in diesem Zusammenhang den ersten Kuss. Viele Frauen mögen es nicht, diesen zu initiieren, und empfinden es als polar, wenn der Mann die Initiative ergreift. Ein Kuss zum falschen Zeitpunkt wird dabei als extrem unerotisch und abstoßend empfunden. Denn wenn die Frau nicht bereit dafür ist, findet sie ihn natürlich eher grenzüberschreitend. Aus der Sicht woker Psychologie könnte man das Geschehen nun folgendermaßen regeln: Der Mann fragt die Frau, ob er sie jetzt küssen darf. Diese Ratschläge zum vorangehenden Einholen des Einverständnisses werden heute tatsächlich sehr oft gegeben. In der Theorie ist das eine feine Idee, und sicherlich mag es auch Menschen geben, die das befürworten, aber in aller Regel erleidet der Mann damit Schiffbruch. Wer es einmal ausprobiert hat, weiß, was meist passiert: Die Frau sagt etwas wie »Danach fragt man doch nicht«, und die schöne Stimmung des Moments ist vorbei.

Viele Männer quälen sich daher mit diesem Thema. Sie wollen »gute« Männer sein und natürlich keine Grenzen überschreiten. Deshalb fragen sie vorher, auch wenn sich das für sie ebenso seltsam anfühlt. Aber das ist auch wieder nicht richtig! Was ist die Lösung?

Der Trick ist zu spüren, wann der richtige Zeitpunkt gekommen ist, und dann entschlossen zu handeln und ein *Risiko* einzugehen. Das Risiko, abgelehnt zu werden. Das ist männliche Polarität im Kern: Risiken eingehen, mutig sein, handeln, dabei aber natürlich auch so sensitiv sein, den richtigen Moment zu erkennen. Das scheint zwar kompliziert zu sein, aber der Datingprozess schwebt eben nicht im luftleeren Raum, wie wir schon gelernt haben. Er ist auch ein *evolutionäres* Spiel, um herauszufinden, wie passend der Partner für die Fortpflanzung ist. Es ist spannend, wie sich solche Prozesse gewissermaßen in Sekundenbruchteilen beim Thema erster Kuss zeigen.

Wenn der Mann den richtigen Moment zumindest einigermaßen erwischt, dann fühlt sich die Frau »wie im Sturm erobert«, und der Küssende wirkt auf sie äußerst attraktiv. Dem Mann gefällt es natürlich auch, die Zeichen richtig gedeutet zu haben. Für Männer wird es nun vielleicht deutlicher, warum die Frau so reagiert.

Proaktiv bedeutet auch, dass der Mann vorbereitet ist und Eventualitäten eingeplant hat. Dies sind Kernfähigkeiten, die unser evolutionäres Gehirn als Zeichen dafür sieht, dass der Mann für eventuellen Nachwuchs Ressourcen beschaffen kann. Beim Dating heißt das konkret, dass der Mann sich im Vorfeld überlegt, wo man sich für ein schönes Date trifft und wie es danach gegebenenfalls weitergehen kann. Es bedeutet weiter, dass seine Wohnung aufgeräumt ist, falls man hier doch landen sollte. Es bedeutet nicht, ein Restaurant vorzuschlagen, das vielleicht gerade geschlossen hat.

Neben Stärke (auch emotionaler) und proaktivem Führungsverhalten ist es für den Mann zudem empfehlenswert, Impulskontrolle zu zeigen. Ein Mann, der seine Impulse unter Kontrolle hat, wird einer Frau nicht auf die Nerven gehen und sie später einmal wahrscheinlich nicht bedrohen. Wenn man nun diese drei Dinge zusammennimmt, kann man sich das konkrete Verhalten schon ziemlich genau ausmalen. Der Mann sollte die Dates planen, zuverlässig sein, aber auch *laid-back* und entspannt. Er kümmert sich gewissermaßen um die ganze Logistik.

Auf einem Date empfiehlt es sich, sich einfach zu amüsieren und die gemeinsame Zeit zu genießen. Je mehr man versucht, sich darzustellen, seine Vorzüge zu zeigen oder vielleicht sogar anzugeben, desto schlechtere Erfahrungen wird man machen. Frauen haben seit Jahrtausenden Übung darin, den Mann zu lesen. Wenn er große Reden schwingt, wissen sie genau, dass sich dahinter nicht viel verbirgt – denn sonst bräuchte es dieses Gehabe nicht. Nur der Mann, der selbstsicher *weiß*, dass er genug zu bieten hat, und daher auch gar nicht seine Karten auf den Tisch legen muss (das ergibt sich ohnehin im Verlauf des Datens), hat eine polare Ausstrahlung.

Frauen lieben es, wenn Männer etwas geheimnisumwittert sind und sie ihnen alle Informationen aus der Nase ziehen müssen. Und dabei jedes Mal aufs Neue auf etwas Spannendes stoßen. Es ist viel besser, wenn die Frau irgendwann herausfindet, was für eine tolle Mission man im Leben hat, als sie ihr nach zwei Minuten auf den Tisch zu knallen. Da in der weiblichen Polarität die Kommunikationsfachfrau liegt, ist es günstig, ihr den größten Teil der Kommunikation (70–80 Prozent) zu überlassen. Der Mann sollte lieber Fragen stellen, als viel über sich zu erzählen. Das lässt ihn mysteriöser erscheinen. Unter allem Umständen ist Mansplaining zu vermeiden, also der Frau egomanisch die Welt zu erklären.

Ein heikles Thema sind Komplimente. Sie sind das, was sich viele Menschen gemeinhin als Inbegriff der Datingkommunikation vorstellen. Ein Mann, der zu viele Komplimente macht, ist aber nicht polar. Mäßigung ist also angezeigt. Niemals sollte der Mann selber nach Komplimenten fischen oder die Frau fragen, wie sie ihn findet. Nichts könnte von männlicher Polarität weiter entfernt sein.

Generell ist es empfehlenswert, ein Gentleman zu sein, auch wenn die Gesellschaft teilweise andere Positionen dazu einnimmt. Die Tür aufzuhalten, die Jacke abzunehmen etc. ist männlich polares Verhalten. Im Unterbewusstsein kommt dann die Botschaft an, dass der Mann sich um die Frau sorgt.

Auch liebevolles Necken durch den Mann wirkt – maßvoll angewandt – manchmal Wunder. Wer neckt, der traut sich was, stellt den anderen nicht auf ein Podest und hat Humor.

Küssen und körperliche Intimität

Nach diesen Ratschlägen möchte ich im Folgenden den Fokus auf das Thema körperliche Intimität legen, deren Ausgangspunkt häufig das Küssen ist. Kommen wir also nochmals zu diesem zentralen Datingthema zurück.

Wie schon gesagt, liegt es vor allem in der männlichen Polarität, Küssen und auch Intimität einzuleiten. Wie kann man denn nun herausfinden, wann der richtige Moment gekommen ist?

Das ist tatsächlich eine große Kunst, und Männer, die sie beherrschen, sind definitiv im Vorteil. Je nachdem, wie man sich kennenlernt und wie stark die Anziehung ist, kann der Moment buchstäblich jederzeit da sein – oder eben auch nicht. Geduld zahlt sich auf jeden Fall aus. Hinweise auf den richtigen Moment können sein:

Die Frau

- nimmt scheinbar zufällig Körperkontakt auf,
- streicht sich durch die Haare,
- lacht über alle Witze (auch die schlechten),
- schaut dem Mann lange in die Augen,
- lehnt sich ihm entgegen,
- macht in irgendeiner Weise besonders auf sich aufmerksam (Lipgloss nachziehen etc.),
- schaut dem Mann auf den Mund, in die Augen und wieder auf den Mund (besonders aussagekräftig).

Keiner dieser Punkte ist ein absolut verlässliches Signal. Aber je mehr man darauf achtet, je mehr Datingerfahrung man hat, umso besser wird man darin, diese Zeichen sicher einzuschätzen. Wenn der Mann es »wagt«, die Frau zu küssen, bekommt er auf jeden Fall Mut-»Punkte«. Wenn der Kuss nicht erwünscht ist, besteht die Standardreaktion fast jeder Frau darin, den Kopf einfach blitzschnell wegzudrehen. Ist das der Fall, sollten keineswegs weitere Kussversuche gestartet werden, und es ist besser, dieses Date abzuhaken. Entweder war es der falsche Zeitpunkt, dann hat der Mann ohnehin wahrscheinlich seine Chancen verspielt, oder die Frau findet ihn schlicht nicht anziehend. Dann muss sie wenigstens ihre Karten aufdecken, und der Mann weiß, woran er ist. Wenn er die oben genannten Signale erst gar nicht wahrnimmt, es also scheinbar nicht so gut läuft, ist es besser, die Frau einfach in Ruhe zu lassen. Man muss keine Aktion starten, bei der kein gutes Ergebnis zu erwarten ist. Eine günstige Gelegenheit ist übrigens auch die Verabschiedung. Aber auch hier gilt: Wenn es nicht passt, passt es nicht.

Wann sollte der erste Kuss erfolgen? Ich bin ein großer Freund davon, dies auf dem ersten Date zu erledigen, dann weiß der Mann, woran er ist (d. h. nur, wenn es eine gewisse Chance gibt, dass es passen könnte). Man muss ja keine Zeit verschwenden. Viele sagen mir immer wieder, es wäre doch völlig in Ordnung, bis zum zweiten, dritten, fünften oder zehnten Date zu warten. Natürlich ist das okay (und bis zum dritten Date würde ich ja auch noch mit mir reden lassen), aber was ist der Sinn davon? Für die allermeisten Frauen zählt Polarität. Selbst wenn viele sagen, dass auf dem ersten Date definitiv nicht geküsst wird: Wenn alles passt, werden solche Grundsätze sofort über den Haufen geworfen. Wenn der Mann keinen Move macht, läuft er Gefahr, von der Frau zügig in die Friendzone gesteckt zu werden.

Der Kuss des Mannes polarisiert die Frau im wahrsten Sinne des Wortes. Vor dem Kuss hat sie drei Optionen: den Mann wollen, den Mann nicht wollen oder nicht wissen, was sie will. Diese dritte Option fällt über die Zeit immer mit der zweiten zusammen. Mit dem Kuss muss die Frau sich gewissermaßen früher entscheiden. Wenn sie ihn ohnehin will, macht es keinen Unterschied. Wenn sie ihn nicht will, auch nicht. Aber die unentschiedene Frau wird sich blitzschnell entscheiden, und dann oft auch für den Mann.

Wenn eine Frau sich vom Mann gern küssen lassen würde, es aber aufgrund irgendwelcher Regeln, auch der Gesellschaft oder einer Bubble, nicht tut, dann ist sie nicht in ihrer weiblichen Polarität. Das mag hart klingen, aber Männer werden genauso streng beurteilt. Ein Mann, der sich nicht traut, den Kuss zu initiieren, ist auch nicht in seiner Polarität. Die Gesetze des Datingmarktes sind teilweise unerbittlich. Aber dazu später mehr.

Es ist übrigens nicht so, das sei nochmals betont, dass der Mann irgendeinen Druck ausübt. Das wäre völlig unpolar. Vielmehr wartet er wie ein Jäger auf den richtigen Moment, das eigentliche Signal kommt dabei von der Frau. In Wirklichkeit steuert sie also den ganzen Prozess. Die Aufgabe des Mannes ist es, die Botschaften richtig zu deuten und auf sie zu reagieren. Das Gleiche gilt auch für weiteren Körperkontakt. Die Frau berührt den Mann häufig als Erstes, und dann geht der Mann wieder durch diese offene Tür und berührt zurück. Ein Schritt erfolgt so nach dem anderen, idealerweise im Tempo der Frau. Je wohler sich der Mann damit fühlt, umso polarer wirkt er.

Wenn alles passt und der Flow da ist, werden die Körperlichkeiten intensiver, und der Mann kann die Frau schließlich zu sich einladen. Heutzutage ist es nichts Ungewöhnliches, auf einem der ersten Dates Sex zu haben. Aber es darf ebenso dauern, das Timing bestimmt die Frau, auch hier zahlt sich Geduld für den Mann definitiv aus. Das alles sind Aussagen, die ausschließlich das Thema Polarität betreffen. Es kann andere Gründe geben, länger mit dem Sex zu warten, zum Beispiel vorangegangene toxische bzw. liebessüchtige Beziehungen.

Zu Hause angekommen, geht es einfach Schritt für Schritt weiter. Wieder ist es die Frau, die den Mann zu körperlichen Intimitäten einlädt, an diesem Punkt sind meistens beide schon ganz bei der Sache. Wenn es doch mal stockt, nicht ungeduldig werden! Der Mann sollte das Mindset haben, dass absolut jeder Ausgang des Abends in Ordnung ist. Er freut sich über das Küssen oder auch Sex, braucht aber beides nicht. Tatsächlich kommt es am schnellsten zu Sex, wenn er den Vibe aussendet, ihn in keiner Weise zu benötigen.

Vielleicht hast du etwas geschluckt bei den bisherigen Ratschlägen. Es ist wirklich interessant, wie schnell wir im Grunde ganz normale, dem gesunden Menschenverstand entsprechende Ratschläge ablehnen. Viele Menschen pochen darauf, dass die inneren Werte mehr zählen sollten. Dass man sich mehr Zeit lassen sollte. Dass man gar nicht so allgemeine Ratschläge geben sollte. Doch das kann man durchaus. Wir sind viel einfacher gestrickt, als die meisten denken. Man glaubt zwar gern bei anderen, dass schlichte Ratschläge für sie gelten, aber man selber hält sich für viel komplizierter. Glaube mir, es ist nicht so.

Auch steckt in dieser Kritik viel Wokeness. Es wird gern auf die Männer heruntergeschaut, die noch Datingprogramme aus der Steinzeit haben. Das mag zwar sein, aber die haben wir alle!

Wenn man die obigen Ratschläge befolgt, steht einem erfolgreichen Date eigentlich nichts mehr im Wege vorausgesetzt, man fühlt sich grundsätzlich angezogen). Es ist dabei wichtig zu verstehen, dass der Mann zwar die wesentlichen sichtbaren Schritte macht, aber eigentlich die Frau das Geschehen vorantreibt. Der polare Mann ist *laid-back*, abwartend, selbstbewusst und etwas mysteriös. Studien zeigen, dass Frauen Männer anziehender finden, wenn sie sich über deren Emotionen nicht vollständig im Klaren sind.[36] Während eines erfolgreichen Datingprozesses in der Polarität generiert der Mann einen Schneeballeffekt, bei dem die Frau ihn zunehmend begehrt und aus dem schrittweise immer mehr Kontakt hervorgeht.

Warum gibt es viele Männer, die auf diese Tipps (scheinbar) nichts zu geben brauchen? Wenn die Frau den Mann aufgrund seines Status oder aus anderen Gründen als eine 9 oder 10 einschätzt, kann er erst einmal praktisch nichts falsch machen. Aber nichts schlägt auf die Dauer die Polarität. Mit jeder nichtpolaren Verhaltensweise wird der Mann geringfügig uninteressanter, und irgendwann rächt sich das dann. Das Gute ist aber, dass ein eigentlich nicht so attraktiver Mann durch ein starkes »Game«, also das richtige Verhalten zur rechten Zeit, sehr erfolgreich beim Dating sein kann. Frauen berichten mir immer wieder von Partnern, die sie anfangs unattraktiv fanden. Im Laufe eines spannenden Datingprozesses revidierten sie jedoch ihre Meinung.

Nach dem ersten Date

Irgendwann ist das schönste Date vorbei, wie geht es dann weiter? Ich empfehle sehr, auf dem ersten Date nicht schon das nächste zu vereinbaren. Häufig geht etwas schief, wenn man das versucht, außerdem können so die Eindrücke des Treffens in aller Ruhe verarbeitet werden. Weiter wirkt man als Mann schnell *needy*, und das ist, wie schon erwähnt, hochgradig unattraktiv. Interessanterweise ist es aber auch nicht zwangsläufig ein gutes Zeichen, wenn die Frau sich sofort für das nächste Date verabreden will. Auch das *kann* ein Hinweis auf viel Impulsivität oder auch etwas Bedürftigkeit sein. Meine Empfehlung gilt vor allem für das Onlinedating. Wenn du im Freundeskreis jemand datest, wäre es wahrscheinlich etwas seltsam, einfach so auseinanderzugehen.

Viele Frauen mögen es durchaus, wenn der Mann ihnen noch textet, ob sie gut nach Hause gekommen sind. Dann kann man natürlich sagen, dass man die gemeinsame Zeit schön fand.

Wann meldet man sich dann wieder? Es gilt abzuwägen. Man möchte als Mann weder als *needy* noch als desinteressiert wahrgenommen werden. Ich denke, man sollte sich nach 1–3 Tagen melden und dann direkt sagen, dass man gern das nächste Date ausmachen möchte. Die ersten drei Male etwa ist das aus Sicht der Polarität die Aufgabe des Mannes. Wenn alles richtig abläuft und der Schneeballeffekt gestartet wurde, wird die Frau sich schon früher melden. Falls sie sich als Erstes meldet, heißt das auf (fast) jeden Fall, dass sie ein nächstes Date möchte – egal, was sie wirklich schreibt, und wenn es nur ein »Hi« ist. Das ist wieder eine Form des schon angesprochenen Sich-in-die-Umlaufbahn-Begebens, auf das der Mann mit einem Datevorschlag reagiert.

Wenn der Schneeball zu rollen anfängt und der Mann die meisten Dinge in der oben beschriebenen Weise richtig macht, wird die Frau sich in *ihrem* Tempo ganz natürlich immer öfter melden, die Dates nehmen zu, und die Annäherung nimmt Fahrt auf. Das Daten in der Polarität ist im Grunde wirklich einfach. Alles, was nicht passt, wird nicht passend gemacht, sondern man spart einfach Zeit ein, um schneller die oder den Richtigen zu finden.

Wie dir vielleicht aufgefallen ist, reden wir hier kaum vom Texten, also Nachrichten schreiben via SMS etc. Ich würde mich am Anfang eher davon fernhalten, es ist so leicht, eine beginnende Beziehung regelrecht kaputt zu texten (durch entweder zu viel davon, oder man sagt doch mal das Falsche). Es ist viel einfacher, sicherer und polarer, sich öfter zu treffen, wenn man sich vermisst. Man sucht keine Brieffreundschaft, sondern einen lebendigen Partner.

Ich empfehle dir, den ganzen Prozess als ein Date nach dem anderen zu sehen. Im Moment zu sein und keine Erwartungen zu haben ist auch beim Daten eine äußerst kraftvolle Haltung.

Kommen wir abschließend noch zur Frage: Soll der Mann heute noch bezahlen? Auf dem ersten Date: definitiv ja. Vielleicht ist es nicht jeder Frau wichtig, aber man kann auch nicht viel falsch machen, wenn man es anbietet. Keinesfalls sollte man die Frau zahlen lassen, Studien zufolge wollen das Frauen in einer großen Mehrheit nicht.[37] Wenn es gut läuft und die Dates sich häufen, sollte man natürlich die Kosten teilen, am besten nach vermuteter finanzieller Lage. Man darf aber davon ausgehen, dass die Frau, egal wie reich sie ist, energetisch nicht mehr als die Hälfte wird tragen wollen. Wenn man Frauen außerhalb des westlichen Kulturkreises datet, gibt es noch mehr Grund zu zahlen, da man hier noch weitaus mehr Wert darauf legt. Auch in diesem Bereich hat man oft das Gefühl, es wären veraltete Ratschläge. Doch die Forschung zeigt erstens, dass es nicht so ist, und zweitens überschätzt man häufig die Einflüsse des aktuellen Diskurses. Viele Männer, die noch »die alte Schule« beherrschen, haben einen regelrechten Durchmarsch auf dem Datingmarkt, weil es kaum noch jemand macht. Lass ihnen nicht alle Frauen!

Was tun, wenn man als Frau Polarität problematisch findet?

Wenn du als moderne Frau dieses Kapitel liest, wie geht es dir dabei? Was ist, wenn du schlechte Erfahrungen mit männlicher Polarität gemacht hast und dich davor schützen möchtest? Wenn du einen lauten, grenzüberschreitenden Vater hattest? Wenn du dir noch mehr Kontrolle beim Daten wünschst, etwa, dass der Mann vor dem ersten Kuss nach deiner Erlaubnis fragt?

Diese Fragen sind absolut verständlich und die Haltung dahinter ebenso. Es gibt leider keine einfachen Antworten auf sie. Natürlich kannst, sollst und musst du den Datingprozess so für dich gestalten, dass er sich für *dich* stimmig anfühlt. Das bedeutet auch, den Mann zu finden, der damit keine Probleme hat. Die andere Seite ist: Nur weil man zusätzliche Sicherheitsebenen einbaut, verflüchtigt sich der Wunsch nach einem polaren Datingablauf nicht unbedingt. Es kann sein, dass du *gleichzeitig* mehr Sicherheit möchtest und einen Wunsch danach verspürst, »erobert« zu werden. Es ist dann wichtig, bewusst abzuwägen. Es kann durchaus passieren, dass man aufgrund biografischer Erfahrungen gewissermaßen in die männliche Polarität rutscht. Aber das ist dann oft nicht deine »Heimat«-Polarität. Du kannst erwägen, diese biografischen Themen aufzuarbeiten zu versuchen – auch mit professioneller therapeutischer Unterstützung –, um dieses Dilemma zu umgehen.

Was tun, wenn man als Mann Polarität problematisch findet?

Für Männer gibt es zwar in der Regel nicht diesen Wunsch nach Sicherheit – außer natürlich emotionaler –, trotzdem können ungünstige Biografien und ebenso der Einfluss der Gesellschaft negativ auf die Polarität einwirken. Wenn Männer als Jungen gelernt haben, dass ihre Kraft beschnitten wird und »männliches« Verhalten mit Liebesentzug statt dem Setzen vertrauensvoller Grenzen beantwortet wird, dann haben sie selber eine negative Einstellung zu Polarität.

Auch die Gesellschaft nährt aktuell das Narrativ, dass Männer gezähmt werden müssen. Ich kann gut verstehen, wie es dazu kommt. Es ist nicht lange her, dass Frauen allen Arten von Sexismus ausgesetzt waren. Aber es führt leider einfach nicht zu guten Ergebnissen. Der heranwachsende Mann wird tendenziell coabhängig. Er versucht, durch ausufernde Nettigkeit Punkte beim anderen Geschlecht zu sammeln. Dort wird er zwar dafür gelobt, aber zugleich sexuell abgelehnt und in die Friendzone verbannt. Wenn ein derart »dressierter« Mann dann versucht, sein Verhalten zu ändern, wird sich das anfangs sehr unangenehm anfühlen. Die tief im Unterbewusstsein schlummernden Ängste vor Bestrafung kommen wieder hoch.

Ein solcher Mann geht oft unbewusst in eine Art weibliche Polarität. Es kann natürlich sein, dass er trotzdem eine Partnerin findet. Aber die wirkliche Erfüllung seiner »sexuellen« Mission sucht er vergebens. Es ist wie ein Teufelskreis: Je mehr Frustrationen im Dating erlebt werden, umso unsicherer und emotionaler wird man und umso schlechter kann man seine ureigene Kraft erkunden. Hier kann es helfen, die biografischen oder auch gesellschaftlichen Einflüsse zu analysieren. Manchmal wird durch vielleicht stattfindende Beratungsprozesse dieses unpolare Element weiter gestärkt. Eine ständige Befassung mit der eigenen Emotionalität ist leider an sich schon nicht sehr polar. Ich sage manchmal spielerisch zu solchen Männern, dass sie mal 14 Tage auf eine Bohrinsel müssten. Das meine ich natürlich nicht wörtlich!

Als Frau erfolgreich daten

Dass ich die männliche Seite des Datens zuerst besprochen habe, ist kein Zufall. Es gehört zu den Eigenheiten des Themas, dass die Frau ganz schlecht in ihre Polarität kommen kann, wenn der Mann nicht den Anfang macht. Es ist wie beim Tanzen, wenn einer nicht führt, kann der andere sich nicht führen lassen. Es liegt außerdem daran, dass die Frau eigentlich gar nicht viel zu tun hat. Sie bestimmt zwar (meistens unbewusst) das Tempo, aber die Gestaltung des Datingprozesses obliegt dem Mann. Er lädt zu den ersten Dates ein, er versucht die Frau für sich zu gewinnen.

Zu der weiblichen Polarität gehört vor allem, nicht die Aufgaben des Mannes zu übernehmen. So rate ich nicht dazu, Männern hinterherzulaufen, sie nach einem Date zu fragen oder den ersten Kuss zu initiieren. Man kann das natürlich tun, aber häufig zieht man so Bindungsängstler oder allgemein Männer an, die schlicht nicht richtig interessiert sind.

Was ich jetzt sage, hört sich vielleicht wieder sehr altmodisch an, aber es muss dennoch gesagt werden: Die wesentliche Aufgabe der Frau besteht darin, möglichst attraktiv – oder in anderen Worten: *hot* – auf dem Date zu erscheinen. *Hotness* kann viele Formen annehmen, und uneingeschränkt jeder Mensch kann *hot* sein. Es bedeutet, dass man in irgendeiner Weise seine Schönheit betont. Wie das geschieht, hängt vom kulturellen Rahmen, dem Zeitgeist, dem Kontext des

Dates und von vielen weiteren Faktoren ab. Polarität steht mit Respekt und dem Feiern der Unterschiede in enger Verbindung, und man zelebriert diese, indem beide Parteien ihr Bestes geben, den Abend zu verschönern. Da Männer im Wesentlichen visuelle Wesen sind, spielt die physische Erscheinung der Frau für sie eine große Rolle. Ich muss es nochmals betonen: Als Frau muss man sich dabei keinen Standards unterwerfen, es ist eine freie Entscheidung, so in Erscheinung zu treten, wie immer man möchte. Ich erinnere mich an ein Date vor vielen Jahren, auf dem die Frau in abgetragener Outdoorkleidung wie frisch von der Hundewiese ankam – ein gutes Beispiel dafür, wenn man sich diesem Aspekt verweigert. Wie gesagt ist das vollkommen in Ordnung, und viele Frauen empfinden es als emanzipatorischen Akt, sich nicht anziehender zu machen. Aber dann muss man eben auch mindere Ergebnisse des Abends erwarten.

Gehen wir für die weiteren Schritte davon aus, dass die Frau den Mann grundsätzlich anziehend findet. Was jetzt kommt, ist nicht ganz einfach zu beschreiben. Die Frau ist gewissermaßen rezeptiv für den Mann. Wenn er sich jetzt noch polar verhält, wird sie ihm auch anfangen zu vertrauen und sich innerlich in diesen Abend fallen lassen. Dieses Fallenlassen ist der wesentliche weibliche polare Akt, und es ist gar nicht so einfach, das zuzulassen. Niemand schwebt im luftleeren Raum, wir alle haben unsere – oft auch negativen – Vorerfahrungen, und aus diesem Grund möchten wir häufig lieber in den Kopf gehen als ins Gefühl. Der Kopf möchte die Kontrolle behalten und aufpassen, ob alles sicher abläuft. Ein bisschen kühle Ratio ist zwar zweifelsohne sinnvoll, aber wenn man zu sehr darin bleibt, kann man sich nicht gleichzeitig fallen lassen. Damit ist natürlich nicht gemeint, keinerlei Vorsichtsmaßnahmen gelten zu lassen oder nicht nach dem eigenen Tempo vorzugehen. Ganz im Gegenteil, die Frau steuert, sperrt sich aber auch nicht, wenn es sich für sie stimmig anfühlt.

Wie schon häufiger erwähnt sind Frauen Kommunikationsmeisterinnen, also dürfen sie sich viel Redezeit nehmen. Aber der Mann achtet natürlich auch darauf, ob er gesehen wird, insofern sollte die Frau ihr Interesse für ihn nicht zurückhalten. Das Ziel der Konversation besteht darin, gemeinsam den Moment zu genießen, zu lachen, das Ganze leicht zu nehmen. Es ist in Ordnung, ein paar Dinge abzufragen, wenn sie einem wirklich wichtig sind. Gespräche über den Weltfrieden, die Anzahl der geplanten Kinder oder wie schlimm der Expartner war etc. stören aber meist mehr, als dass sie nützen.

Was Männer gar nicht mögen, ist, wenn die Frau »pieksig« oder »eckig« wird, also den Mann vorschnell kritisiert. Dieses Verhalten, das Männer politisch unkorrekt »zickig« nennen, ist ein Zeichen, dass die Frau nicht in ihrer Polarität agiert, sondern eher in einem männlichen Mindset ist. Eine Frau, die eigentlich in ihrer weiblichen Polarität sein möchte, aber aus welchen Gründen auch immer in der männlichen ist, wirkt angespannt und unzufrieden. Dies kann durchaus mit dem Mann zusammenhängen, der vielleicht nicht den Erwartungen entspricht. Manchen Frauen fällt es grundsätzlich schwer, in eine weiche weibliche Polarität zu kommen, die eher unterstützend als konfrontierend ist. Das schreckt viele Männer ab, außer jene, die selber noch nicht ihre Mitte gefunden haben und sich coabhängig einschüchtern lassen. Daraus werden aber keine glücklichen Beziehungen hervorgehen.

Nach und zwischen den Dates hat es die Frau ebenfalls relativ einfach. Sie sollte nicht zu *needy* und klammernd wirken, denn das ruft bei Männern häufig Bindungsangst wach. Dennoch ist der Wunsch nach mehr Nähe in der weiblichen Polarität in höherem Maß vorhanden und wird von einem Mann in der Yang-Polarität auch als positiv empfunden. Das heißt ganz konkret, dass die Frau sich im Datingprozess jederzeit wieder beim Mann melden und Kontakt aufnehmen kann. Von Seiten der Frau gibt es aus polarer Sicht keinen Grund, sich zurückzuhalten oder zu gedulden. Die meisten Frauen warten bei den ersten 2–3 Dates, ob der Mann sich erneut meldet. Das ist völlig im Rahmen. Aber wenn die Begeisterung steigen sollte, ist das beschriebene innere Loslassen sehr wichtig. Die Frau braucht und sollte nicht zu *laid-back* sein. Das bedeutet aber in keinem Fall, dass sie in irgendeiner Weise ihre Standards lockert. Selbstbewusstsein und angewandte Selbstliebe ist immer polar, für jedes Geschlecht.

Das eben beschriebene polare Datingverhalten wird bedauerlicherweise von der woken Gesellschaft abgelehnt. Ihr zufolge sollen Frauen heute tough sein, »ihr Ding« machen, aktiv Männer ansprechen, sich selbst eigentlich wie diese verhalten. Männer wiederum sollen das nicht mehr machen. Was ist die Folge davon? Beide Geschlechter daten außerhalb ihrer Polarität (es gibt natürlich Ausnahmen, wo genau das passen kann). Das mag sich zwar modern und eben »aufgewacht« anfühlen, man kann die dahinterliegende Biologie aber nicht austricksen. Die Frauen finden diese Männer dann vielleicht modern, aber sehnen sich innerlich doch nach den »richtigen Männern« oder der »alten Schule«.

Auch Männer sind mit der Situation unzufrieden. Sie sind zwar, wie von der Gesellschaft erwartet, überaus freundlich und emotional, aber warum werden sie dann nicht als Partner gewählt, sondern in die Friendzone gesteckt? Wenn es zu Dates kommt, sind viele abgeschreckt davon, wenn die Frau alles in die Hand nimmt oder sogar offen Dominanz zeigt. Und dann wundern sich sowohl die Männer als auch die Frauen, warum heute das Zueinanderfinden sich so schwierig gestaltet.

Tatsächlich zeigen erste Forschungsergebnisse, dass Frauen woke, feministische Männer nicht attraktiv finden. Eine Studie belegt etwa, dass auch Feministinnen eher »wohlmeinend-sexistische« Männer bevorzugen.[38] Die sich als Feministin sehende Schriftstellerin Kate Iselin sagt: »Dating male feminists turned out to be one of the least empowering decisions I've ever made.«[39] »Wohlmeinend« meint in diesem Zusammenhang, dass die Männer hergebrachte Rollenbilder vertreten, sich aber gleichzeitig nett und respektvoll verhalten.

Es entspricht auch meinen Beobachtungen, dass nach außen hin dargestellte Wokeness und männlicher Feminismus zwar Diskussionspunkte bringen, aber keineswegs attraktiver machen.

Dating: Von der Theorie in die Praxis

In dieser Übung möchte ich dich einladen, das oben Gesagte in deinem nächsten Datingprozess auszuprobieren. Du wirst mittlerweile vermutlich ein Gefühl dafür haben, welche Polarität du gern datest. Die entgegengesetzte Polarität sollte dann die sein, in der du dich vorzugsweise bewegst.

Mein Rat ist, dich einmal »sklavisch« an die eben vorgestellten Ratschläge zu halten. Insbesondere, wenn du bisher gewohnt warst, anders zu daten, oder dir das eine oder andere nicht sofort eingängig ist. Bitte urteile über ihre Wirkung erst, wenn du meine Ratschläge (am besten mehr als einmal) umgesetzt hast! Sehr wahrscheinlich machst du dann eine wirklich neue Erfahrung.

Es bringt auch nicht viel, sich nur einige wenige Punkte herauszupicken. Vielleicht hast du auf dem ersten Date ein gutes »Game«, aber textest in der männlichen Polarität dann dein Gegenüber komplett zu, weil du meinst, »das macht man so«. Du wirst dann nicht die erwünschten Resultate erzielen. Ich kann das nur immer wieder betonen, weil die meisten Probleme mit meinem Material in der laschen Ausführung liegen. Probiere es einfach mal aus, aber mit vollem Einsatz!

Wenn du dich dazu entschließt, empfehle ich dir, die Datingkapitel in diesem Buch fünf- bis zehnmal zu lesen. Ja, du hast richtig gehört. Warum? Es bleibt oft bei der ersten Lektüre nur ein Teil hängen. Es ist aber wichtig, dass du alle Details beachtest, sonst fällst du doch wieder zurück in unpolares Verhalten. Du musst dir zu jedem Zeitpunkt absolut sicher sein, wie es jetzt weitergeht.

Queeres Dating und Polarität

Werfen wir nun einen Blick auf queere Beziehungen. Je weiter diese gesellschaftlich akzeptiert werden, umso mehr sieht man auch, dass sie einen (erstaunlich großen Teil) der Lebensrealität darstellen. Wie ist es bei ihnen um die Polarität bestellt?

Ich möchte mich hier vorsichtig äußern. Die Forschung ist in diesem Bereich noch nicht allzu weit fortgeschritten, und ich bin auch nicht Teil dieser Szenen. Aus meinen Beobachtungen als Paartherapeut kann ich aber sagen, dass eigentlich alle Paare in festen Beziehungen, die zu mir kamen, eine ganz klare Polarität hatten. Das heißt, eine Person war in der Yin-, eine in der Yang-Polarität. Meine These ist, dass ebendies notwendig ist, um genug sexuelle Spannung über längere Zeit aufzubauen.

Es gibt tatsächlich in diesem Zusammenhang Begrifflichkeiten, die diese Polarität abbilden *können* (aber nicht müssen). Bei lesbischen Paaren gibt es zum Beispiel die »Butch« (eher Yang, der Begriff meint eine maskuline Ausdrucksweise), der die »Femme« (eher Yin, feminine Ausdrucksweise) gegenübersteht – mit ganz vielen Abstufungen. Im schwulen Bereich analog den »Top« (aktiv, Yang) im Gegensatz zum »Bottom« (passiv, Yin). Dies ist aber nur ein ganz kleiner Einblick.

Im Bereich nonbinärer Beziehungen wird man keine Begriffe finden, da diese abgelehnt werden. Trotzdem sind aus meiner Sicht auch nonbinäre Beziehungen vom Thema Polarität geprägt, da die intensive Ablehnung sie paradoxerweise wieder in den Fokus rückt und an Bedeutung gewinnen lässt.

Viele schwule und lesbische Paare haben einen sehr unverkrampften Umgang mit ihren Energien, da es hier nicht mehr den starren gesellschaftlichen Überbau gibt. Wenn man erst einmal das Coming-out geschafft hat, macht man schlicht, was einem gefällt.

Es kann generell im queeren Dating lohnenswert sein zu untersuchen, ob man polare Beziehungen für sexuelle Spannung braucht. Wenn längere Zeit Flaute herrscht, könnte man hier Ansatzpunkte suchen. Viele queere Menschen profitieren stark von meinen Datingonlinekursen für die beiden Polaritäten, sie müssen sich anfangs nur entsprechend einordnen und haben dann einen Leitfaden (gilt natürlich auch für dieses Buch).

Zu diesem komplexen Thema möchte ich hier noch vier Gedanken vorstellen:

1. Nur weil sich zum Beispiel zwei lesbische Frauen als Femme identifizieren und in einer Beziehung sind, muss das keineswegs heißen, dass beide in der gleichen Polarität sind. Der Begriff kann sich auch einfach darauf beziehen, wie man sich kleidet, schminkt etc. Man *kann* trotzdem eine Yang-Energie haben.
2. Nur weil man gesellschaftliche Aspekte von Männlichkeit und Weiblichkeit ablehnt und queer als Befreiung davon sieht, muss es keineswegs sein, dass man wirklich zu 100 Prozent davon gelöst ist. Hierzu müsste stärker geforscht werden.
3. Es liegt dennoch nahe, dass Polarität sich nicht genauso gestaltet wie in heterosexuellen Beziehungen. Bestimmte Datingpräferenzen (zum Beispiel Bevorzugung jüngerer Partner bei Schwulen und Hetero-Männern) scheinen doch eher mit dem biologischen Geschlecht zusammenzuhängen als mit der sexuellen Orientierung.
4. Im heterosexuellen Bereich ist die Polarität in der Regel partnerübergreifend. Datet man also gern in der Yin-Pola-

rität, dann tut man das bei jedem Partner. Möglicherweise ist man in queeren Beziehungen flexibler. Mir haben allerdings viele queere Menschen berichtet, dass sie eine Lieblingspolarität haben.

Exkurs: Polyamore Beziehungen und Polarität

In engen Beziehungskonstrukten, die mehr als zwei Personen beinhalten, wird es in Hinsicht auf das Spiel der Polaritäten noch interessanter. Ich verweise an dieser Stelle auf den Anfang des Buches, wo wir über die Metapher des Moleküls gesprochen haben. Ein Wassermolekül besteht aus drei Atomen (H_2O), aber es besitzt keine drei Ladungspole, sondern nur zwei. Also müssten nach unserer Theorie auch diese Beziehungen ein Yin- und ein Yang-Zentrum haben. Daraus würde wieder resultieren, dass nicht alle Beziehungen beispielsweise innerhalb eines Dreiecks polar sind. Wenn sie es sind, müsste eine Person switchen können.

Queere oder polyamore Leser lade ich ein, dieses Feld selbst zu erkunden und herauszufinden, was von diesen Konzepten sie für sich nutzen können. Ich freue mich auch über Feedback dazu, wie du dieses Feld für dich erlebst und wie es sich in deine Datingwelt integriert.

Fallstricke des Onlinedatings

Wahrscheinlich kannst du dir an dieser Stelle schon denken, warum Dating-Apps das Thema Polarität eher konterkarieren. Neben all den im Kapitel »Himmel und Hölle der Dating-Apps« bereits beschriebenen Problemen kommt noch folgendes dazu: Überhaupt eine Dating-App zu nutzen empfinden viele Menschen schon irgendwie als unpolar, auch wenn es scheinbar immer normaler wird. Man fühlt sich dabei nicht unabhängig, selbstbewusst und frei. Stattdessen drängt sich ein Gefühl der Künstlichkeit auf. Zudem haftet dem Onlinedating an sich schon etwas »Bedürftiges« an, vor allem für Männer. Das ist problematisch, weil Bedürftigkeit nicht zur männlichen Polarität gehört.

Natürlich gibt es viele Gründe, dennoch Dating-Apps zu nutzen, etwa wenn man isoliert wohnt. Ich habe das Angebot früher auch genutzt und dabei oft gehört, dass es nicht schön sei, sich *so* kennenzulernen, und dass es schöner gewesen wäre, wenn es an der Käsetheke passiert wäre. Dabei ergibt es eigentlich keinen Sinn, das zu sagen, wenn man sich schon gegenseitig schreibt. Trotzdem finden sich hier Paare auch jenseits von Affären. Generell nimmt der Bereich des Onlinedatings zu – übrigens vor allem für homosexuelle Nutzer.

Was ich aus Sicht der Polarität für schwierig halte, ist, dass der Mann eigentlich anschreiben muss bzw. soll. Das klingt zwar erst einmal, als stünde es im Einklang mit männlicher Polarität, aber bei genauerer Betrachtung zeigt sich, dass es nicht wirklich der Fall ist. Nehmen wir als Beispiel eine früher typische Situation in einer Bar: Die Frau macht auf sich aufmerksam, und der Mann spricht sie an. Doch auf den meisten Dating-Apps fehlt dieser wichtige erste Schritt, der immens hilfreich ist, weil Frauen wählerischer sind. Ein Mann, der irgendeine – womöglich optisch noch sehr attraktive – Frau anschreibt, landet in der Regel in einem überquellenden Postfach. Viele Männer können sich gar nicht vorstellen, welches Ausmaß das annehmen kann. Und alle Nachrichten beginnen gleichermaßen mit »Hey«, »Hey du«, »Hi« etc. Also macht eher der Mann auf sich aufmerksam. Und ein Mann, der in einem riesigen Postfach untergeht, kann schwerlich Polarität und Führung demonstrieren.

Im Folgenden möchte ich ein paar Tipps und Ratschläge vorstellen, wie man Dating-Apps dennoch, so gut es geht, nutzen kann. Es gelten hier etwas andere Regeln, als wenn man sich im realen Leben kennenlernt.

Beginnen wir mit dem Profiltext. Ihn sollte man nicht zu wichtig nehmen, da in erster Linie nach den Fotos geschaut wird. Wenn du eine Plattform nutzt, die Profile nach vorne stellt, dann sollte vor allem der Mann artikulieren, was er *will* – und nicht um Aufmerksamkeit betteln. Als Mann kannst du beispielsweise schreiben: »Ich suche eine attraktive 40-jährige Frau, die xy macht …« Durch einen forschen Text kannst du demonstrieren, was für Frauen am wichtigsten ist: Selbstbewusstsein und Mut. Als Frau ist es meiner Meinung nach relativ egal, was du schreibst. Natürlich mögen auch

Männer witzige Profile, aber die äußere Erscheinung ist hier das A und O.

Wichtiger sind die Fotos. In aller Regel haben Frauen ein besseres Gefühl für die Wirkung eigener Fotos. Sie können sich darstellen, wie auch immer sie wünschen, aber wir wissen ja, was für Männer wichtig ist. Eine gewisse, zumindest subtile Sexiness sollten sie schon aufweisen. Ich kenne aber auch Frauen, die mit Landschaftsfotos erfolgreich waren! Wenn das Alter nicht zu hoch ist, kommt man mit dem Rückenwind von Female Choice generell ziemlich weit.

Männer müssen sich viel mehr Mühe geben im Onlinebereich. Sie wählen leider oft Fotos, mit denen sie vielleicht ihre Geschlechtsgenossen beeindrucken können, aber nicht Frauen. Ich höre immer wieder von den berühmten Anglerfotos mit einem großen, toten Fisch auf dem Arm. Das ist nicht zielführend.

Männer sollten gepflegt und gern auch modisch aussehen. Noch wichtiger ist aber, dass sie Status und Social Proof vermitteln. Das kann durchaus auf eine kontraintuitive Weise geschehen. Das teure Auto zu zeigen wirkt vielleicht auf manche Frauen, aber viele finden es zu protzig. Ich empfehle, etwas subtiler vorzugehen. Jedes Foto, auf dem du scheinbar eine Führungsposition einnimmst, weil du zum Beispiel einen Vortrag hältst, ist sehr gut geeignet. Tatsächlich sind Fotos in Gruppen oft hilfreich, weil sie soziale Anerkennung demonstrieren. Ein Datingcoach hat mir einmal das Tinderfoto gezeigt, das ihm den größten Erfolg bescherte:

Man sieht einen Strand, er zieht gerade einen Neoprenanzug an, und eine Frau macht diesen zu. Genau das meine ich mit kontraintuitiv. Man könnte ja denken, eine andere Frau ist Gift. Aber das Foto ist so vage, dass es sich auch einfach um eine andere Kitesurferin handeln könnte. Auf jeden Fall wird Social Proof (plus ein nettes Hobby) gezeigt. Frauen finden Männer attraktiv, die auch andere Frauen haben können.

Wie man an diesem Beispiel sieht, lohnt es sich, verschiedene Fotos auszuprobieren. Grundsätzlich sollte jeweils ein Foto dabei sein von: Gesicht, Ganzkörper, Freizeit und Social Proof/Arbeit/Status. Auf jeden Fall mehr als nur ein Foto vom Gesicht.

Für Männer empfehle ich außerdem Folgendes: Wenn es sich um ein »klassisches« Angebot handelt, wo einer den anderen anschreiben muss, dann lass das Profil einfach liegen und warte, welche Frau sich bei dir meldet. Das sind dann zwar nicht viele, aber wenn du ein etwas freches Profil hast, werden die wenigen Dates eine gute Qualität haben. Und du hast Zeit gespart, die du in deine Mission stecken kannst.

Falls es sich um eine neuere Matching-App handelt wie zum Beispiel Tinder, dann muss einer natürlich nach einem Match den anderen anschreiben. Das kann gern der Mann machen. Auch dabei geht viel Zeit verloren, viele werden nicht antworten. Deshalb schreibe keinen Roman, aber mehr als ein Hi. Es ist empfehlenswert, irgendwas Direktes und/oder Überraschendes zu schreiben. Das kann zwar auch einmal danebengehen, aber etwas Risiko einzugehen lohnt sich häufig. Wenn du keinen One-Night-Stand suchst, halte dich fern davon, schriftlich sexuelle Themen zu adressieren.

Für alle gilt: Lass dich nicht in Brieffreundschaften oder ewiges Hin-und-Her-Schreiben verwickeln. Wenn Interesse da ist, möglichst schnell treffen oder sich zumindest über einen Videocall abchecken. Und ganz wichtig: Halte dich nicht mit Menschen auf, die bestenfalls mittelmäßig an dir Interesse haben. Fokussiere dich auf Dates, die dich hochgradig anziehend finden.

Überlege dir, wen du anschreibst oder matchen willst. Mach dir nochmals die schon genannte Studie bewusst, dass wir oft zu hoch reichen. Ich glaube zwar nicht unbedingt an eine »Liga«, in der man datet, aber auf jeden Fall macht man sich vergleichbar auf einer Börse.

Für die Frauen noch folgender Tipp: Denke daran, dass deine bevorzugten Auswahlmechanismen für Männer nicht optimal auf einer Börse wiedergegeben werden können. Du kannst keine Ausstrahlung und keine Souveränität sehen, allenfalls Hinweise darauf. Ich kann dir garantieren, dass du im echten Leben Männer daten würdest, die du auf der App aussortierst. Also gib ruhig jemandem außerhalb deiner Ansprüche auch einmal eine Chance.

Und den Männern muss ich abschließend nochmals sagen: Wenn du etwas mutig bist oder wirst, sind deine Chancen sehr wahrscheinlich im echten Leben viel besser als in der Masse der Apps. Die erfolgreichsten männlichen Dater, die ich kennengelernt habe, verabreden sich alle im echten Leben. Es lohnt sich, darüber einmal nachzudenken.

Polares Verhalten in Langzeitbeziehungen

Wenn der Datingprozess gut verläuft, kommt meistens irgendwann die Frage auf, wie es nun weitergeht. Ich habe mich in früheren Büchern bereits ausführlich dazu geäußert, wie man zum Beispiel toxische Beziehungen vermeidet. Das soll hier aber nicht das Thema sein. Auch wäre jetzt die Zeit zu überlegen, ob man eine klassische Beziehung möchte, es locker bleiben oder etwas dazwischen sein soll (heißt gerade *situationship*). Für das Thema Polarität spielt die Beziehungsform keine Rolle. Sie ist in der Datingphase generell leichter aufrechtzuerhalten, instinktiv hat man sie hier eher im Blick.

Die Polarität in Langzeitbeziehungen zu bewahren ist dabei eigentlich ganz simpel. Die polaren Verhaltensweisen, die einen in der Datingphase getragen haben, sollten fortgeführt werden. Ganz wie das schöne englische Sprichwort sagt: »The courtship never ends.« Also frei übersetzt: Man wirbt immer weiter umeinander. Doch ebendas ist auch gelegentlich anstrengend. Und das mögen wir Menschen nicht. Der Unterschied zwischen Datingphase und Beziehungen ist aus Sicht der Polarität nicht besonders groß, trotzdem treten eine ganze Menge Stolpersteine auf.

Langfristige Beziehungen werden natürlich nicht nur von der Anziehung getragen. Es gibt eigentlich immer die folgenden zwei Bereiche:

1. Eine starke Polarität unterstützt wesentlich die sexuelle Anziehung in Beziehungen. Man kann sie als eine notwendige Bedingung dafür ansehen. Daneben helfen auch zeitweise Distanz, Reibung, Spannung und neue Impulse dabei, dass der Partner sexuell interessant bleibt.
2. Dazu kommt die Kompatibilität in Hinsicht auf Bindungsstile, Interessen, kommunikative Vorlieben etc. Sind diese hinreichend ähnlich, entsteht auch eine Art Freundschaftsebene, die hingegen von Stabilität, Verlässlichkeit und stetiger Nähe lebt.

In langfristigen Beziehungen werden wir leicht nachlässig, was das Aufrechterhalten der Polarität betrifft. Wir kümmern uns vorrangig um Beruf oder auch Kinder, außerdem verfolgen wir unsere Hobbys. Die Beziehung soll dabei einfach so weiterlaufen wie bisher. Das ist aber eine Illusion. Gerade dieser Lebensbereich ist häufig das Zentrum von allem und sollte daher die meiste Aufmerksamkeit bekommen.

Selbst wenn wir uns auf die Beziehung fokussieren, haben wir eher die freundschaftliche Ebene im Blick. Doch auch die sexuelle ist zu pflegen, denn im Laufe der Zeit nimmt die Frequenz im Bett oft ab oder geht gleich gegen null. Wenn man sich dann damit befasst, stößt man meist auf Ratschläge wie »Sich einfach mal zum Sex verabreden« oder »Über Sex offen reden« – die lösen das Problem aber nicht. Man kann sexuelle Spannung weder herbeireden noch durch Übungen aus dem Nichts erschaffen.

Für die erotische Komponente von Beziehungen braucht es zwingend Polarität. Und die hat mehr mit Neinsagen zu tun als mit noch mehr Verschmelzung.

Unter- versus überaktivierte Beziehungen

Typischerweise gehen Langzeitbeziehungen einen dieser beiden Wege: Sie sind entweder unter- oder überaktiviert. Ich nenne Beziehungen unteraktiviert, bei denen der Fokus auf den Gemeinsamkeiten und der freundschaftlichen Ebene liegt. Die Partner sind gute Freunde, aber schlechte Liebhaber. Die vielleicht 80 Prozent der Gemeinsamkeiten werden dabei immer wieder in den Vordergrund gerückt, die übrigen 20 Prozent fallen unter den Tisch. Das ist oft lange günstig für eine reibungslose Kommunikation, aber die Dinge unter dem Tisch sammeln sich an und können dann mit Zeitverzögerung problematisch werden. Diese Ausrichtung auf die freundschaftliche Ebene ist hilfreich, wenn man gemeinsame Projekte zu bewältigen hat, wie zum Beispiel die Erziehung von Kindern. Sie scheint aber leider der sexuellen Chemie abträglich zu sein. Unser sexuelles System funktioniert auch sehr gut mit Abwechslung, Neuem, Distanz, dem Gehen eigener Wege, Abgrenzung, Streit etc. Warum die Natur das so eingerichtet hat, ist manchmal schwer zu verstehen. Zu viel Nähe und auch zu viel Harmonie sind auf Dauer oft (aber nicht immer) Lustkiller.

Bei den überaktivierten Beziehungen herrscht die gegenteilige Dynamik vor. Die Kommunikation ist häufig geprägt von Streit und Auseinandersetzungen, oft über Jahre. Sie sind anstrengend und laugen aus. Man könnte sagen, der Fokus liegt auf den 20 Prozent, die nicht passen, und die sich überschneidenden 80 Prozent werden vernachlässigt. Für gemeinsame Projekte ist diese Art der Kommunikation extrem belastend, da man sich über beinahe alles potenziell streiten kann. Zum Beispiel, wie ein gemeinsames Kind versorgt wird, welche Medikamente, Nahrungsmittel oder Kleider es erhält und wie die Erziehung stattfindet. Als sehr förderlich erweist sich dieses »Drama« aber für den Bettbereich. Diese Paare berichten oft von einer nach wie vor sehr befriedigenden Sexualität, häufig auch in Form des berühmt-berüchtigten Versöhnungssexes. Aber sie sind auch ausgebrannt und sehnen sich nach einer besseren Kommunikation.

Wir wollen an dieser Stelle nicht so sehr auf die paartherapeutischen Implikationen dieser Zustände eingehen (mehr dazu findest du in meinem ersten Buch *Der Liebescode*), sondern analysieren, wie sie mit Polarität zusammenhängen.

Wie wir schon im Kontext des Datings festgestellt haben, hat Polarität auch mit einer gewissen Stärke, Selbstliebe und Selbstbewusstsein zu tun. Ebendiese Eigenschaften demonstriert man, wenn man auch Nein sagen und sich abgrenzen kann. In einer überaktivierten Beziehung kommunizieren wir zwischen den Zeilen, dass wir auch durchaus fähig sind, die Beziehung zu verlassen. Das hat natürlich verschiedene Implikationen. Es gefällt vielleicht unserem Bindungssystem als Partner nicht, aber wir finden es auch irgendwie attraktiv.

Klare Standards zu haben und sich abgrenzen zu können ist in beiden Polaritäten wichtig. Da beides aber energetisch mehr der Yang-Polarität zugehörig ist, ist es noch weitaus verheerender für die sexuelle Spannung, wenn der Mann »kein Rückgrat« hat. Aber Achtung: Dies sind rein energetisch-polare Erwägungen, auch die weibliche Polarität darf und muss sich schützen können, wenn es notwendig ist – in diesem Fall sollte man keine Rücksicht darauf nehmen, wie sich das in der Polarität niederschlägt.

The courtship never ends

Wie wir bereits festgestellt haben, ist es in dauerhaften Beziehungen wichtig, den Partner weiterhin zu umwerben. Ansonsten fühlt sich insbesondere die weibliche Energie nicht gefeiert und wertgeschätzt. So sollte es etwa alle ein bis zwei Wochen ein klassisches Date geben. Wie auch in der Datingphase ist es die Aufgabe des Mannes, sich um die Rahmendaten, also die Planung, zu kümmern, während sich die Frau ebenfalls genauso viel Mühe wie am Anfang des Zusammenkommens gibt. Auf dem Date sollte man einfach versuchen, zusammen Spaß zu haben. Es ist kein Ort für dramatische Beziehungsgespräche. Das Date bleibt der ewige Naturzustand einer Liebesbeziehung. Jedes gelungene Date ist auch ein natürlicher Weg zu mehr körperlicher Liebe, ohne dass man Sex irgendwann planen muss.

Wahr ist aber auch, dass man in einer festen Beziehung nicht mehr ganz so streng sein muss und kann, was das Spiel der Polaritäten betrifft. Es sollte in dieser Hinsicht beispielsweise darauf geachtet werden, dass die Beziehung ausgeglichen ist. Weder sollte der Mann jedes Mal die Rechnung begleichen noch muss die Planung des Dates immer bei ihm liegen. Aber auch hier kann ich ganz klar raten, der Versuchung zu widerstehen, dass alles »gleich« sein sollte. Die unterschiedlichen Energien sind die Grundlage für die Spannung in der Beziehung. Das Werben der Yang- um die Yin-Energie sollte nie aufhören. Natürlich ergibt das nur Sinn, wenn die weibliche Polarität diese Energie auch aufnimmt und zurückgibt. Ein polares Paar feiert und respektiert die jeweilige andere Energie.

Die Yang-Energie in Langzeitbeziehungen aufrechterhalten

Wie schon in der Datingphase ist zu empfehlen, dass der Mann weiterhin *laid-back* ist, der Frau die Mehrzahl der Kontaktaufnahmen überlässt und nicht übermäßig verfügbar ist. Wenn es etwas zu regeln gibt, was in Richtung Schutz, konkrete Probleme im Alltag oder anderweitige klare Präsenz nach außen geht, sollte er natürlich sofort zur Stelle sein.

Frauen wollen natürlich, dass ihr Partner loyal ist. Ihnen ist aber zugleich wichtig, dass der Mann immer auch andere Optionen hätte, die er aber nicht wahrnimmt. Weiter gehört zur Yang-Polarität, dass der Mann klare Entscheidungen trifft und generell für sich einsteht. Da Frauen ein anderes Redebedürfnis haben, ist es auch wichtig, dass der Mann möglichst täglich etwas Zeit einräumt für ein Gespräch mit seiner Partnerin.

Yang heißt, über den ganzen Verlauf der Beziehung präsent zu sein, aber gleichzeitig zu möglichst wenig Zeitpunkten bedürftig. Damit demonstriert der Mann Commitment zu der Frau und bleibt dabei in seiner Kraft. Für Liebesbeziehungen ist es günstiger, wenn die weibliche Polarität nach der anfänglichen Kennenlernphase, in der der Mann die Initiative übernehmen sollte, ein bisschen mehr investiert und »Gas gibt« als die männliche. Obgleich man häufig sagt, dass der Mann »jagen« will, trifft dies auf lange Sicht auf die Frau eigentlich noch mehr zu.

Wenn der Mann nicht mehr in seiner Polarität ist, wird er unsicher. Dann fragt er seine Frau wiederholt, was er zum Beispiel jetzt machen soll. Er sucht unnötig viel Bestätigung und gibt keine Richtung mehr vor. Er wird sehr emotional und ist nicht mehr in Verbindung mit seiner Mission. Er glaubt nicht mehr an sich und verliert sein Selbstbewusstsein. Er wirkt von außen »verweichlicht«.

Wie man an dieser Aufzählung bereits sieht, ist das teilweise genau das, was die Gesellschaft von Männern verlangt. Es steckt durchaus ein positiver Impuls darin, da man die toxische Männlichkeit, die es ja durchaus gibt, einhegen möchte. Meiner Ansicht nach geht diese Erwartungshaltung aber zu weit, da Männlichkeit an sich in gewisser Hinsicht untersagt wird. Leider mögen das Frauen gar nicht, auch wenn sie denken, sie würden es. Die oben angeführten Studien sprechen in diesem Zusammenhang eine deutliche Sprache.

Die Yin-Energie in Langzeitbeziehungen aufrechterhalten

Hingabe und Unterstützung sind wichtige Aspekte der weiblichen Polarität in Beziehungen. Der Mann möchte sich von seiner Partnerin geschätzt und emotional beschützt fühlen. Er möchte das Gefühl haben, sie glücklich machen zu können. Dafür wünscht er sich, dass sie sich ihm vorbehaltlos hingibt. Das heißt, wie schon gesagt, nicht, dass sie irgendetwas erdulden soll. Aber sinnlose emotionale Blockaden und Mauern von Seiten der Frau entsprechen nicht der weiblichen Polarität. Der Mann braucht in seiner Mission diesen vorbehaltlosen weiblichen Rückhalt. Genauso wenig wie eine Frau möchte, dass ihr Mann sagt, sie sei hässlich, wünscht sich ein Mann zu hören, er liege ständig falsch.

Frauen als Meisterinnen der Kommunikation starten häufig (auch per Messenger etc.) die Kommunikation. Eine Frau, die sich wohlfühlt, wird immer wieder die Aufmerksamkeit ihres Mannes suchen und sein bester Freund werden. Für den Mann ist es aus polarer Sicht wichtig, diese emotionale Unterstützung – man könnte auch sagen: emotionale Nahrung – zu bekommen. Es ist hierbei nicht so, dass einer der Partner mehr geben soll als der andere. Es ist vielmehr ein Kreislauf, bei dem beide Partner unterschiedliche Dinge geben. Außerdem muss man sich immer bewusst sein, dass Polarität ja nur *ein* Teil von Beziehungen ist.

Männer sind eigentlich recht unkompliziert. Für die meisten geht es darum, wenige Grundbedürfnisse zu erfüllen (salopp wird manchmal gesagt »Sex, Essen, Fußball gucken«). Dahinter steht der männliche Wunsch nach »Entleerung«. Der Mann fühlt sich am wohlsten, wenn alle inneren Treiber und Triebe zur Ruhe kommen und eine angenehme innere Leere eintritt. Frauen dagegen suchen eher das Gegenteil, die innere Achterbahn, sie empfinden ein Wohlgefühl, wenn sie alle ihre Emotionen spüren und erkunden können. Männer benötigen daher auch immer wieder einen gewissen Rückzug. Sie lösen ihre Probleme oft lieber allein, während Frauen das Gespräch suchen. Darum sollte man dem Mann auch Zeit mit sich allein zugestehen.

Als Kommunikationsmeisterinnen werden Frauen auch häufig zu den Außenministerien der Beziehungen. Das ist aus meiner Sicht auch sehr polar, und die Verbindung profitiert insgesamt davon.

Es wird häufig gesagt, dass zur weiblichen Polarität gewisse »Tests« durch die Frau gehören. Dass sie unbewusst stets überprüft, ob ihr Mann wirklich noch die Stärke besitzt, die sie in ihm gesehen hat. Ganz abwegig finde ich diese These tatsächlich nicht. Ich bin mir allerdings nicht so sicher, ob sich diese Situationen nicht ohnehin im Alltag ergeben. So kann eine Frau zum Beispiel den Wunsch äußern, dass ihr Partner den Abend nicht mit seinen Freunden verbringen soll, ohne dass ein wirklicher Grund dafür vorliegt. Wenn er sich diesem Wunsch beugt, freut sich die Frau vielleicht an der Oberfläche, kann aber darunter tief enttäuscht sein, dass der Mann nicht für sich einsteht. Ein anderes Beispiel für das Testen: Die Frau flirtet auffallend viel mit anderen Männern. Natürlich möchte keine Frau einen hypereifersüchtigen Partner. Aber auf der anderen Seite wünschen sich die meisten auch keinen Mann, der niemals Grenzen setzt, denn das ist nicht polar.

Diese oft ambivalenten Reaktionen der Frau sind dann ein Beispiel für Männer, warum Frauen anscheinend so »kompliziert« sind. Wenn man eine polare Betrachtungsweise hinzunimmt, ergeben die allermeisten Verhaltensweisen jedoch plötzlich Sinn.

Starke Anzeichen dafür, dass eine Frau nicht in ihrer Polarität ist, sind folgende:

- bohrende Unzufriedenheit mit dem Mann, obwohl er ganz »nett« ist
- Respektverlust
- »auf der Nase des Mannes herumtanzen«
- Zweifel an der Beziehung, ohne dass wirklich etwas vorgefallen ist

- Unausgeglichenes Verhalten, Vorwürfe, Klagen
- Verlust des Interesses an körperlicher Liebe
- den Mann oft verbal attackieren

In einer eventuellen Paartherapie wird dann an der »Kommunikation« gearbeitet, das führt aber zu paradoxen Ergebnissen. Der Mann versucht vielleicht, übermäßig freundlich zu sein und emotionaler zu werden, doch das schadet der Polarität noch mehr (natürlich gibt es auch ganz andere Paartherapiethemen, wo der Mann wirklich netter und weicher werden sollte).

All diese Punkte hören sich vielleicht für manche nach den 50er-Jahren an. Aber genauso, wie die Frauen sich zum Beispiel vom Mann Rückgrat wünschen, haben Männer eben auch ihre Wünsche. Das sind aber – wie ich nur immer wieder betonen kann – energetische Betrachtungen. Natürlich kann auch ein Mann zu Hause bleiben oder die Frau das Geld verdienen. Aber beide werden das auf eine jeweils andere Art tun. Die weibliche Polarität ist zudem in keinem Fall als schwach zu sehen. Die Frau gibt idealerweise nur in dem Maß die Kontrolle ab, wie sie dem Mann vertraut.

Polarität, wenn der Mann zu Hause bleibt

Spielen wir einmal das Szenario durch, dass die Frau für den Lebensunterhalt aufkommt und der Mann versorgt ein gemeinsames Kind. Das ist übrigens heute außerhalb von Großstädten immer noch mutig. Wie kann jetzt Polarität stattfinden, vorausgesetzt, die bevorzugten Polaritäten entsprechen den Geschlechtern? Bestimmte Rollen können ja bestehen bleiben, der Mann kann sich vorwiegend um Dates kümmern, schafft Gesprächsmöglichkeiten für seine Partnerin und macht seinen Job zu Hause zu seiner Mission. Die Frau hingegen müsste gut darauf achten, abends wirklich in die weibliche Polarität und in die Hingabe zu wechseln. Sie kann auch weiter Außenministerin der Beziehung sein. Wichtig ist, dass sie sich nicht zu sehr in den Bereich des Mannes einmischt bzw. Letzterer müsste sich dahingehend abgrenzen können.

Außerdem müssten sich vielleicht beide erlauben, ihre Energien auch in andere Bereiche des Lebens einzubinden. Die Frau könnte etwa versuchen, weibliche Qualitäten in den Beruf einfließen zu lassen. Der Mann hat vielleicht einen Fokus auf männliche Qualitäten in der Erziehung des Kindes (Grenzen setzen, das Kind auch mal machen lassen, fordern). Das Ergebnis dieses Szenarios divergiert sicher von dem einer anderen Rollenverteilung. Aber es kann ebenso schön sein.

Der Yin-Yang-Kreislauf

Wenn der Mann nicht in seiner Polarität ist, gelingt es der Frau nicht mehr, in ihrer Polarität zu bleiben. Der Kreislauf aus Yin- und Yang-Energien, der so wichtig für eine glückliche, stabile Beziehung ist, ist dann durchbrochen. Oftmals kann die Frau in solchen Fällen gar nicht genau sagen, woran es eigentlich liegt. Es ist zudem schwierig, darüber zu reden, weil man sich dann so »politisch unkorrekt« vorkommt. Eigentlich müsste sie sagen: »Sei doch mal wieder mehr männlich.« Manche wenige Frauen machen das auch »knallhart«, aber häufig gibt die Frau nur Hinweise. Leider fällt es Männern generell schwer, Andeutungen zu verstehen, sie brauchen meist klare Ansagen.

Sexualität

Man braucht wohl nicht viel Fantasie, um sich vorzustellen, wie Polarität sich in der Sexualität darstellt. Beim »normalen« Sex überschreitet der Mann gewissermaßen die körperliche Grenze der Frau, und diese gibt sich dem hin. Um es einmal wirklich ganz salopp zu sagen: Der Mann macht sich hart, und die Frau macht sich weich. Das ist an sich schon ein komplett polarer Ablauf. Viele sexuelle Fantasien gehen bei dem Spiel von Dominanz und Unterwerfung noch viel weiter. Das bedeutet nicht, dass man sie wirklich in der Realität erleben will, aber zeugt von der Kraft polarer Energien. Viele Frauen mögen es, wenn der Mann sie im Bett spielerisch dominiert (natürlich nur wenn sie ihn auch anziehend finden und die Grenzen klar bzw. abgesprochen sind).

Wir alle wissen, dass Abwechslung im Bett etwas Schönes ist, und selbstverständlich fällt man nicht aus seiner Polarität, wenn man mal die Rollen wechselt. Überhaupt muss man die Art von Sexualität leben, die einem entspricht. Aber man darf meiner Ansicht nach nicht leugnen, dass sich hierin eben auch zeigt, wo man energetisch steht. Es ist selbstverständlich nicht alles null und eins. Aber wenn die Frau zum Beispiel sehr viel Lust dabei empfindet, den Mann im Bett zu dominieren, könnte das ein Hinweis darauf sein, dass sie generell mehr zur männlichen Polarität neigt. Ich würde sogar sagen – und ich weiß, das ist eine gewagte These –, dass sich gerade in der Sexualität zeigt, in welcher Polarität man zu Hause ist. Und daran gibt es auch nichts zu werten, es ist, wie es ist.

Lebensereignisse

Grundsätzlich ist es möglich und erstrebenswert, ein Leben lang die Polarität aufrechtzuerhalten. Auch wenn wir vielleicht zu alt sind, um unsere Gene weiterzugeben, sind wir immer noch den gleichen Programmierungen unterworfen – und haben ja auch weiter Sex. Weiter sollten wir nicht aufhören zu daten und in unserer Kraft bleiben.

Leider läuft das Leben aber nicht immer wie geplant, und es treten Dinge auf wie Krankheiten, Arbeitslosigkeit oder andere »Einschläge«. Wenn du beispielsweise schwer krank bist, ist sicherlich das Letzte, was du auf dem Schirm hast, jetzt noch polar zu handeln.

Die polare Liebe, der Eros, hat durchaus etwas Egozentrisches. Dem Eros geht es um Lust, Lust hängt stark an Fortpflanzung und diese wiederum an Vitalität. Insofern kann es

Situationen geben, wo man die polare Liebe einfach nicht aufrechterhalten kann. In diesem Fall gibt es aber immer noch die Agape, die selbstlose Art der Liebe, mit der wir unsere Beziehung ehren können.

Dennoch empfehle ich, solange es geht, in der Polarität zu bleiben. Der Mann kann arbeitslos werden und in der Arbeitslosigkeit immer noch eine Mission und Motivation haben. Darauf kommt es an. Es sind weniger die Ereignisse an sich, sondern die Haltung zu ihnen, die den Unterschied macht.

Wenn ein Partner schwer krank ist, sollte man sich natürlich sorgend um ihn kümmern. Aber man sollte dabei in seinen ursprünglichen partnerschaftlichen Rollen bleiben und nach Möglichkeit nicht komplett in die Pflegerrolle wechseln.

Beziehungskrisen

Krisen entstehen häufig aus mangelnder Polarität. Leider ist das vielen Paaren nicht bewusst, sodass sie die Ursachen an anderer Stelle suchen. Wenn der Mann nicht das Gefühl hat, die emotionale Unterstützung und Loyalität seiner Frau zu haben, dann destabilisiert das die Beziehung. Gleiches gilt natürlich, wenn er nicht »männlich« wirkt und keine Klarheit zeigt. Ein Paar in der Polarität ist definitiv abgesicherter in seiner Beziehung. Aber wir dürfen nicht vergessen: Polarität ist zwar ein notwendiger, aber keineswegs ein hinreichender Aspekt für eine gute Beziehung. Es kann viele weitere Gründe geben, warum zum Beispiel jemand fremdgeht.

Eines kann ich aber aus der Begleitung von über tausend Paaren sagen: Wenn die Krise schon da ist, ist es allerhöchste Zeit, endlich in seine Polarität zu finden. Das heißt vor allem, dass man klar Position bezieht, insbesondere, wenn der andere Partner sich grobe Schnitzer geleistet hat. Wenn du betrogen wurdest, möchtest du vielleicht am liebsten, dass schnell wieder alles beim Alten ist. Das würde aber weder der weiblichen noch der männlichen Polarität entsprechen. Du musst für dich einstehen und ganz klar Grenzen aufzeigen. Das kann zum Beispiel bedeuten, sämtliche Beziehungsaktivitäten (und jene des Haushalts) einzustellen und den Partner zu bitten, gegebenenfalls auch die gemeinsame Wohnung zu verlassen, solange die Affäre noch im Gange ist.

Eines zeigt sich dabei immer wieder, so bitter das auch ist: Eine Person zwischen zwei Menschen tendiert zu dem, der mehr in der Polarität ist. Für die Frau heißt das: Sie wählt in aller Regel den Mann, der mehr Stärke, Klarheit und Willen demonstriert. Für den Mann heißt es: Er bevorzugt die Frau, von der er sich mehr verstanden und unterstützt fühlt. Wenn du dir das bewusst machst und entsprechend handelst (und ihr vielleicht noch eine gute Paartherapie macht), kannst du das Ruder oft jetzt noch herumreißen.

Auch wenn eine Beziehung ganz langsam Richtung Süden dreht, ist eine respektvolle Polarität – neben effektiver Kommunikation – einer der besten Wege, die Beziehung zu beeinflussen. Ich würde sagen, vor allem, wenn es Probleme auf sexueller Ebene gibt und insbesondere die Frau weniger Sex will, ist eine Investition in Polarität viel zielführender als ewiges, sinnloses Reden darüber.

Schutz der Frau

Auch wenn Frauen heute in aller Regel hervorragend für sich selbst sorgen können, heißt das – wie ich immer wieder betonen möchte – nicht, dass die evolutionären Programme außer Kraft gesetzt wären. Es gibt auch den etwas provozierenden Spruch »In einem brennenden Haus gibt es keine Feministen«. Das soll heißen, dass wir sofort wieder in die scheinbar alten Rollen rutschen, wenn die Situation brenzlig wird. Dann wird nicht gewartet, ob die feministische weibliche Feuerwehr anrückt (die es meines Wissens nach nirgendwo gibt), sondern es soll einfach gerettet werden. Und das ist auch gut so. Jeder Mensch soll sich in dieser Hinsicht selbstverständlich eine eigene Meinung bilden und ihr entsprechend im Leben handeln.

Einen Rat habe ich für die Männer: Lasst bloß nie zu, dass eure Partnerinnen in irgendeiner Weise bedroht werden und ihr nichts tut. Das bedeutet in aller Regel nicht, dass man sich prügeln sollte. Aber zum Beispiel, dass man für seine Frau einsteht oder sie bei einem verbalen Angriff verteidigt. Oder zumindest dafür sorgt, dass man die Szenerie schnell verlässt. Nichts lässt Frauen mehr erkalten, als wenn der Mann nicht das leistet, was evolutionär (und ehrlich gesagt heute auch noch oft) notwendig war: Schutz. Das trifft sie emotional an einer ganz tiefen Stelle – und hat auch mit Wokeness nichts zu tun. Man kann sich gegen solche Dynamiken im Grunde nicht wehren.

Natürlich muss auch der Mann abwägen. Im Rahmen des Ukraine-Krieges (oder jeder anderen kriegerischen Auseinandersetzung) konnte man auf Social Media sehen, wie sexy es viele ukrainische Frauen fanden, wenn Männer ihr Land verteidigen. Das nützt einem Mann natürlich wenig, wenn er dabei zu Schaden kommt oder sogar stirbt. Daher sollte man stets prüfen, ob man irgendwelche Risiken auf sich nehmen möchte, nur um polar zu erscheinen. Echte Polarität zeigt sich vor allem im Neinsagen und darin, den eigenen Weg zu gehen. Das sollte man nie vergessen.

Beziehungen aus der Über- bzw. Unteraktivierung holen

1. Falls du gerade in einer Beziehung bist, überprüfe doch einmal, ob eure Beziehung über- oder unteraktiviert ist (vielleicht ist sie auch schön ausgeglichen). Oder gehe deine vergangenen Beziehungen durch. Meistens kann man das sehr schnell sagen.
2. Falls du zum Schluss kommst, dass die Beziehung überaktiviert ist, dann hilft es oft, die Kommunikation zu verbessern und das »Feuer« etwas zu kanalisieren.

- Versuche dazu, deinen Partner jeden Tag emotional etwas abzuholen. Ihr könntet euch zur Routine machen, täglich 15 Minuten, zum Beispiel bei einem Tee oder Kaffee, einfach über den Tag zu reden. Versucht dabei herauszufinden, in welchen Situationen und aus welchen Anlässen es vielleicht immer wieder zu Eskalationen kommt.
- Vermeide, in Streits »zurückzuschießen«, sosehr du es auch möchtest. Dieser Impuls, den beide haben, befeuert Eskalationen. Spiele einfach nicht mit. Bleibe ganz ruhig bei deiner Meinung und halte es aus. Diese kleine Übung kann dich wirklich weiterbringen, weil du ganz präsent bei dir und deinen Themen bleibst.
- Die Lobdusche: Vereinbart, mindestens einmal am Tag dem Partner ein Lob auszusprechen, egal wie sauer ihr gerade aufeinander seid. Natürlich sollt ihr euch nichts ausdenken, irgendetwas gibt es eigentlich immer. Es darf auch eine Kleinigkeit sein. Alternativ nennt eine Sache, die ihr am Partner schätzt.
- Sei jeden Tag ein bisschen dankbar für das Feuer, das ihr noch habt.
- Zur männlichen Polarität gehört auch, aus einem »Elefanten wieder eine Mücke zu machen«. Versu-

che, deine Beziehung zu erden, in die Ruhe und Gelassenheit zu kommen, und stecke deine Partnerin damit an. Pflege das Mindset »Jedes Problem lässt sich lösen«. Sei der Fels in der Brandung. Für die Partnerin in der weiblichen Polarität ist es wichtig, den Mann nicht ständig zu kritisieren. Das heißt nicht, dass man Missstände in der Beziehung nicht ansprechen soll. Aber ein konstantes »Meckern« an Details untergräbt die Polarität des Mannes. Der Mann kann dich unterstützen, indem er der stabile Berg ist. Du kannst ihm helfen, indem du ihn auch mal aufbaust und an ihn glaubst.

- Habt möglichst einmal in der Woche ein richtiges Date, wie in der Anfangszeit. Einer organisiert alles, und beide geben sich Mühe, möglichst attraktiv zu sein. Es geht vor allem darum rauszukommen und Spaß zu haben. Keine Beziehungsprobleme zu wälzen. Alles Weitere kommt dann oft automatisch. Ich nenne das gern die »Verführungskette«: rausgehen, Spaß haben, körperlich werden.

3. Wenn du deine Beziehung als unteraktiviert wahrnimmst, dann ist es wichtig, wieder mehr Feuer reinzubringen. In diesem Fall geht es darum, mehr auf die Unterschiedlichkeiten zu achten und nicht einen Kompromiss nach dem anderen zu schließen.

- Arbeite eventuell noch mehr an deiner Polarität. Denke daran, dass auf alle Geschlechter Autonomie und Abgrenzung bzw. selbstbewusstes Handeln polar wirken. Mach mal was für dich oder mit Freunden. Und sag mehr Nein.
- Aber auch: Mach mal etwas ganz Neues, Herausforderndes mit deinem Partner. Achtet darauf, dass es Nähe *und* Distanz gibt. Streitet mehr (aber bitte auf eine konstruktive Weise).
- Sag mehr, was in dir vorgeht und was du dich vielleicht bisher noch nicht getraut hast zu sagen.
- Auch wenn unteraktivierte Beziehungen sich scheinbar leichter ins Lot bringen lassen, ist es in der Realität doch oft schwerer, etwas daran zu verändern. Bei überaktivierter Liebe gibt es zu viel Feuer, man muss es eher kanalisieren. Bei unteraktivierter Liebe muss man das Feuer anfachen. Das ist nicht immer einfach, vor allem muss dazu noch Glut da sein.

Polarität und toxische Beziehungen

Jetzt kommen wir gewissermaßen zu dem größten Warnhinweis in diesem Buch. Polarität und toxische Beziehungen haben in ihren Schattenanteilen leider auch viel miteinander gemein. Wenn du zum Beispiel in einer festen Beziehung bist und ein sehr erfolgreicher, attraktiver, vielleicht auch selbstgefälliger oder sogar egozentrischer Mann zieht dich in seinen Bann und vielleicht sogar in eine Affäre, dann erlebst du wahrscheinlich ganz viel Polarität, auf beiden Seiten. Trotzdem ist solch ein Dreieck, wie ich es gern nenne, giftig und destruktiv für dich. Wir erinnern uns: Sehr freundliche, freundschaftliche Beziehungen erleben wir auf die Dauer als unteraktiviert, also regelrecht leidenschaftslos. Die überaktivierten Beziehungen bieten Leidenschaft, aber auch manchmal viel Chaos und Streit. Dieser Konflikt ist in vielen Fällen durchaus lösbar, man kann in seiner Polarität sein und trotzdem vernünftige Beziehungen haben. Wenn man diese Dynamiken gut verstanden hat, kann man versuchen, seine Beziehung auf dem Spektrum von total vorhersehbar und sicher, aber auch etwas langweilig, und auf der anderen Seite dramatisch, unvorhersehbar, überraschend, auseinandersetzungsreich, aber auch sehr leidenschaftlich, einzustellen. Man kann sich überlegen, welche Aspekte von Polarität man leben möchte und welche man als zu destruktiv außen vor lässt, weil Leidenschaft ja oft auch »Leiden« bedeutet. Im Folgenden erforschen wir dieses Feld genauer – mehr über toxische Beziehungen findest du übrigens in meinen ersten beiden Büchern.

Wie wir schon untersucht haben, ist das Spiel von Yin und Yang eine notwendige Voraussetzung für zumindest längerfristige Beziehungen. Das heißt aber keineswegs, dass diese

Beziehungen nicht sehr unglücklich oder sogar toxisch sein können. Tatsächlich nehmen viele Menschen in toxischen Beziehungen die Partner, an denen sie so hängen, als enorm polar wahr.

Man kann toxische Beziehungen unterschiedlich definieren. Meine Definition lautet: Eine Beziehung wird für dich toxisch, wenn diese Verbindung dich liebessüchtig macht. Also du permanent darüber grübelst, dir keinen Reim darauf machen kannst, alles eine Achterbahn ist und du schließlich kaum noch schlafen, essen oder arbeiten kannst. Typischerweise gibt es auch ein hohes Maß an Verlust- und Bindungsangst und viele weitere Probleme.

Wenn ich auf meinem Youtube-Kanal E-Mails von Zuschauern in solchen Beziehungen vorlese, fragen sich viele immer: Warum bleibt man bloß in derart unglücklichen Beziehungen? Darauf gibt es mehrere Antworten: unglückliche Kindheit, Heiß-kalt-Dynamiken, Ego-Prozesse und vieles mehr, aber eben auch: eine als extrem wahrgenommene Polarität. Ich schreibe bewusst »wahrgenommene Polarität«, denn ob andere das von außen ebenso sehen oder ob man das später noch genauso betrachtet, steht auf einem anderen Blatt.

Narzissmus und männliche Polarität

Häufig zeigt zumindest einer der Partner in einer toxischen Beziehung narzisstische Züge. Wir wollen hier nicht zu sehr ins Detail gehen, aber das heißt manipulatives Verhalten, Egozentrik, Ansprüchlichkeiten, Sucht nach Anerkennung und vieles mehr. Heute geht man davon aus, dass narzisstische Züge bei beiden Geschlechtern etwa gleich häufig vorkommen. Trotzdem bekommen Männer tendenziell eher die Diagnose Narzissmus und Frauen eher Borderline/Histronie. All diese Persönlichkeitsnuancen entstammen den »dramatischen« Persönlichkeitsstörungen, haben also gemeinsame Anteile. Das ist auch der Grund, warum das Schema dieser Begriffe gerade umfassend überarbeitet und neu aufgestellt wird.

Die genannten Unterschiede gehen meiner Ansicht nach darauf zurück, dass es eben auch Genderaspekte dieser Ausprägungen gibt. Und diese hängen in erster Linie mit dem Thema Polarität zusammen. Es ist extrem wichtig, das zu verstehen!

So sind narzisstische Männer – ich meine das jetzt im weiteren Sinne, nicht als Diagnose – in der Regel extrem gute Dater. Sie mussten dies werden, weil sie extrem abhängig sind von der emotionalen Zufuhr anderer Menschen. Sie beherrschen viele der Skills, die wir im Kapitel zum Dating angesprochen haben. Sie achten sehr auf ihr Äußeres und sind (scheinbar) ausgesprochen nett und charmant. Sie beherrschen es, dass eine Frau sich auf den ersten Dates wohlfühlt. Tatsächlich wird oft so dick aufgetragen, dass man schon von »Love Bombing« spricht, und eigentlich sollte dies eine abschreckende Wirkung entfalten. Wenn man aber selber eher zu Coabhängigkeit neigt, findet man dieses Verhalten besonders ansprechend. Narzisstische Männer suchen die Bestätigung, aber eine Frau ist hierfür nie genug, auch zwei oder drei nicht. Deshalb ist es meistens nicht ihr Ziel, eine einzige stabile Beziehung zu führen. Auch wenn nicht mehrere Beziehungen parallel geführt werden (was jedoch oft vorkommt), ist ihre Aufmerksamkeit nie auf nur eine Frau gerichtet.

Wohlgemerkt: Nicht jeder polare Mann ist ein Narzisst! Man muss nur länger suchen, es ist ein wenig wie die sprichwörtliche Suche nach dem Einhorn.

Wir erinnern uns nochmal daran, dass sich männliche Polarität auch über emotionale Unabhängigkeit vermittelt. Diese scheinen narzisstische Menschen aufzuweisen, weil sie oft kein Commitment zu einer Beziehung zeigen oder sich immer wieder entziehen. Auch das wahrgenommene Selbstbewusstsein wirkt polar. Narzisstische Menschen haben auch deutlich mehr reproduktiven Erfolg, also mehr Kinder. Die sogenannten *bad guys* stehen häufig mit dem Thema Narzissmus in Verbindung. Auf der anderen Seite suchen Frauen natürlich auch stabile und verträgliche Männer, insofern haben diese *bad guys* oft keinen langfristigen Erfolg bei einer bestimmten Frau. Wie schon erwähnt, werden Frauen im Laufe ihres Lebens zudem besser darin, diese »Blender« auszusortieren. Für eine moderne Polarität geht es vor allem darum, als Mann die von der Frau selektierten Eigenschaften zu haben, ohne in den narzisstischen Bereich zu fallen. Darauf kommen wir später nochmals zurück.

Bindungsangst und Polarität

Es muss keineswegs immer das Reizthema Narzissmus sein. Bei Männern wirkt unter Umständen schon reine Bindungsangst polar. Die Polaritätssensoren der Frau wie auch die des Mannes sind nicht außergewöhnlich schlau, es werden einfach bestimmte beobachtete Verhaltensweisen selektiert, wie zum Beispiel emotionale oder allgemeine Unabhängigkeit. In diesem Licht wirkt Bindungsangst oder Bindungsvermeidung nicht wie eine psychische Schwäche, sondern wie Autonomie. Es ist aber die Pseudoautonomie des unsicher-vermeidend gebundenen Menschen und keine echte Autonomie. Viele Bindungsängstler sind im Inneren eigentlich verlustängstlich. Trotzdem reicht diese Haltung, um Bindungsvermeider zunächst einmal als polar einzustufen.

Das Konzept der Polarität scheint noch tiefer zu gründen als Bindungseinstellungen. Man weiß eigentlich, dass einem zum Beispiel eine On-off-Beziehung nicht guttut. Trotzdem wirkt dieser scheinbare polare Funken der Autonomie und überstimmt häufig andere Argumente gegen die Beziehung, insbesondere mangelnde Kompatibilität.

Emotionale Instabilität und weibliche Polarität

Die Geschichten der Männer in toxischen Beziehungen gleichen sich häufig wie ein Ei dem anderen. Hier kann man ebenso sagen, dass viele der beteiligten Frauen narzisstische Züge (oder eben auch einfach Bindungsangst) haben, was sich aber eher in einer emotional instabilen Art äußert. Auch diese Frauen demonstrieren eine scheinbare weibliche Polarität. In der Love-Bombing-Phase sind sie häufig extrem fürsorglich. Sie versorgen den Mann auf allen Ebenen, auch auf der sexuellen werden alle Wünsche erfüllt, und er hat das Gefühl, gleichsam den Fang seines Lebens gemacht zu haben. Wie bei den männlichen Pendants wird viel Energie in die äußere Erscheinung gesteckt.

Anders als beim männlichen Narzissmus gibt es häufig noch ein »Retter«-Thema. Viele Männer lieben es, ihre Frau zu beschützen und sie aus irgendwelchen Kalamitäten zu retten. Das, was scheinbar gerettet werden muss, kann sich auf erhebliche psychische Unbeständigkeiten wie etwa emotionale Instabilitäten oder auch handfeste reale Probleme beziehen. Der Klassiker ist zum Beispiel eine Frau, die nebenbei als Escort tätig ist und daraus »befreit« werden soll.

Auch hier ist die Frau nach der ersten rosaroten Phase plötzlich extrem auf sich bezogen, irrational, aufmerksamkeitssüchtig oder sogar illoyal. Dies geschieht in einer permanenten emotionalen Achterbahn, immer wieder unterbrochen von »lieben, anschmiegsamen« Phasen, wo wieder scheinbar um »Rettung« gebeten wird. Aber diese Rettung ist nie von Dauer. Wenn die Angebetete aus den Fluten des Lebens gerettet wurde, scheint sie nach einer wärmenden Tasse Tee immer wieder von Neuem hineinzuspringen, bis der Retter irgendwann völlig erschöpft zurückbleibt oder sogar zusätzlich stark kritisiert wird.

Man braucht schon ein heftiges Retter-Thema, um in einer solchen stürmischen Beziehung zu sein. Dennoch empfinden die betroffenen Männer ihre »wilden« Frauen als extrem polar.

Intensität wird mit Liebe verwechselt

Die chaotische Dynamik in toxischen Beziehungen – oft auch mit einem On-off-Muster – triggert immer wieder unser Bindungssystem. Dieses System möchte eine sichere Bindung zum Partner herstellen. Wenn wir etwas unbedingt haben wollen, was außerhalb unserer Reichweite ist, aber durchaus erreichbar scheint, dann kommt der Neurotransmitter Dopamin ins Spiel. Es motiviert uns gewissermaßen weiterzukämpfen, um das ersehnte Ziel zu erreichen. Immer wenn das scheinbar gerade passiert – der Partner meldet sich beispielsweise endlich mal wieder, kommt nach langem Schweigen und Kommunikationsabbruch vorbei, es findet Versöhnungssex nach einem Streit statt –, kommt es im Gehirn zu einem regelrechten Dopaminkick, ähnlich wie bei einer Droge.

Da es aber in toxischen Beziehungen gerade nicht gelingt, den Partner sicher an sich zu binden, wird dieser Kreislauf immer wieder durchlaufen. Ähnlich wie in einer Drogenkarriere werden die »schönen« Momente dabei immer seltener während die innere Verzweiflung immer größer wird.

Diese emotionale Achterbahn verwechseln wir gern mit Liebe. Weiter ist dieses ständige Hin und Her wie das Spielen an einem Glücksspielautomaten, es führt auch zu denselben Folgen: Wir werden regelrecht liebessüchtig. Das ist zwar intensiv, aber von der emotionalen Färbung her sehr negativ und verzweifelt. Wir beschäftigen uns mental immer mehr mit dem nicht verfügbaren Partner, sodass alle anderen Lebensbereiche darunter leiden. Diese Verbindungen machen meist keinen der Partner wirklich glücklich (man kann jedoch viel aus ihnen lernen). Es herrscht bei genauerer Betrachtung eben keine Liebe vor: Man will nicht zwingend das Beste für den Partner, sondern sucht in gewisser Hinsicht nur den nächsten Dopaminkick.

Liebe dagegen ist etwas völlig Universelles. Sie ist die Grundlage allen Seins – mehr dazu findest du in meinem letzten Buch *Die neue Dimension der Liebe*. Du kannst alles lieben: deinen Partner, deinen Hund oder auch dein Auto. Du willst dann schlicht das Beste für das Ziel deiner Liebe, aber du setzt auch Grenzen. Wenn dein Hund beispielsweise 725 Leckerlis will, weißt du, dass er das zwar kurzfristig toll findet, es aber langfristig nicht zu seinem Besten ist.

Wahre Liebesgefühle vermitteln sich eher über Oxytocin, das Bindungshormon, und fühlen sich mehr wie ein warmer, ruhiger Strom an. Diese Liebesgefühle haben eine ganz andere Signatur als die drogenähnlichen Dopaminschübe toxischer

Beziehungen. In Extremfällen kann man den Partner auch aus Liebe loslassen.

Was tun gegen toxische Beziehungen: Standards und Dealbreaker

Das Konzept der Standards und Dealbreaker ist die Grundlage meiner Arbeit mit Beziehungen hin zu mehr Respekt und Selbstliebe. Es bedeutet, dass man sich oft zum ersten Mal im Leben bewusst macht, was für Beziehungsziele man eigentlich hat. Diese reichen von Alltagsthemen – wie oft sieht man sich beispielsweise, wie kommuniziert man miteinander etc. – bis hin zu großen Zielen wie Kinderplanung, Ehe, Haus. Diese Ziele nenne ich Standards. Eine Beziehung findet ja nicht im luftleeren Raum statt. Es geht dabei nicht nur um die reine Liebe (die oft mit Intensität verwechselt wird), sondern auch darum, dass die Bedürfnisse beider Partner angemessen befriedigt werden.

Unsere Standards können wir nicht in vollem Umfang umsetzen, das wäre zu egozentrisch. Stattdessen müssen wir gemeinsam mit unserem Partner stets aufs Neue Kompromisse finden, wobei die eigenen Standards mit denen des Partners verhandelt werden. Das ist die immer wieder notwendige Beziehungs-»Arbeit«.

Dealbreaker sind Standards, die nicht verhandelbar sind. Sie definieren rote Linien, die nicht überschritten werden dürfen, und zwar von niemandem. Dies ist angewandte Selbstliebe in Reinkultur. Auch die Dealbreaker sind natürlich individuell. Sie betreffen Themen wie Ehrlichkeit, Loyalität, Respektieren der Grenzen des Partners.

Definiere deine Standards und Dealbreaker

1. **Bestimme deine Standards (verhandelbar) und Dealbreaker (nicht verhandelbar), entweder für Dating oder für Beziehungen.** Verhandelbar meint: Der jeweilige Punkt ist kein Ausschlusskriterium, aber man müsste ihn besprechen, und es sollte sich durch das Gespräch auch etwas bewegen. Nicht verhandelbar heißt insbesondere beim Dating, dass du das Date sofort ohne Diskussionen beendest. Generell gilt: Deine Standards sollten umso strenger sein, je weniger du einen Menschen kennst. Also sollten deine Datingstandards höher sein als die für Beziehungen. Und beim Onlinedating sollten sie höher sein als beim Dating im Freundeskreis. **Beispiele für Datingstandards:** Pünktlichkeit, Gepflegtheit, beide kommen angemessen zu Wort, du fühlst dich zu nichts gedrängt, der Kontakt ist stabil, es geht gut voran, nicht so viel heiß/kalt, Polarität spürbar etc. **Beispiele für Datingdealbreaker:** Die Liste ist lang! Grobe Unpünktlichkeit, Unfreundlichkeit, frühe Kritik,

Drogen- oder Alkoholprobleme, Lügen, Nur-über-sich-Reden, Stalking, unangemessene Berührungen etc. Hier ergeben Gespräche keinen Sinn, weil du dich unnötig in destruktive oder toxische Situationen bringst. Die Basis stimmt dann einfach nicht. Viele Menschen haben ein Helfersyndrom und meinen, mit genug Liebe lässt sich alles lösen. Glaub mir, das ist nicht so. Es sind alte Kindheitsprogramme, die da am Werk sind. Oft fühlen sich Menschen »hart«, wenn sie mit so einer Einstellung an das Dating herangehen. Es ist keine Härte, sondern gesunde Selbstfürsorge.

Aber Achtung: Man kann durchaus zu streng sein, und dann fällt jeder durchs Raster. Wenn du unsicher bist über deine Standards-und-Dealbreaker-Liste, besprich sie mit einer guten Freundin oder einem guten Freund. Es sollte möglichst jemand sein, der erfolgreicher datet als du. Wenn du mein Liebeschip-Programm durchläufst, wirst du mehr Durchblick haben als die meisten anderen Menschen. In alte, coabhängige Muster zu verfallen wird dann nicht mehr so einfach sein.

Beispiele für Beziehungsstandards: Wie oft gibt es Sex? Wie oft sieht man sich? Was sind die Ziele einer Beziehung, und in welchem Zeitrahmen werden sie erreicht? Wie steht es um die Ehrlichkeit? Wie werden Konflikte gelöst? Auch Details wie: Wie oft schreibt man sich?

Beispiele für Beziehungsdealbreaker: Gewalt, Drogen, grobe Lügen, Fremdgehen, tagelang nicht melden etc. Denke immer daran, dass es deine ganz persönliche Liste ist. Du kannst andere Dealbreaker haben als deine beste Freundin oder dein bester Freund. Überhaupt solche Listen zu haben wird dein Leben revolutionieren.

2. Frage dich nun: Werden deine Standards und Dealbreaker von deinem Gegenüber erfüllt? Wenn nicht, kann man darüber ins Gespräch kommen (Standards). Oder prüfe für dich, warum du bleibst (Dealbreaker).
3. Wenn du polare Menschen sehr anziehend findest, ist das mehr als normal. Prüfe dennoch einmal, ob diese Menschen deinen Dating- oder Beziehungszielen entsprechen. Es bringt dich nicht weiter, wenn du eigentlich eine stabile Beziehung suchst, aber immer *bad guys* oder *Femmes fatales* datest. Möglicherweise kann dir hier auch mein Onlinekurs zur »Umprogrammierung des Liebeschips«[40] helfen!
4. Ganz wichtig: Hinterfrage bitte ganz genau, was du eigentlich polar findest. Nur weil sich beispielsweise jemand rarmacht und keine Zeit hat, dich zu treffen, macht ihn das nicht automatisch zu einem vielbeschäftigten, polaren Mann mit einer wertvollen Mission. Viel wahrscheinlicher ist, dass er entweder nicht interessiert

ist oder »Spielchen spielt«. Auch Männer sollten meist vorübergehende Love-Bombing-Phasen ihrer Partnerin nicht verwechseln mit einer Frau, die wirklich konstant interessiert und fürsorglich ist.

5. Wenn du deinen Partner stark idealisierst, kann es sein, dass du dich zu klein machst. Es ist ja schön, wenn dein Date einen wie auch immer gearteten hohen Status hat. Das macht ihn aber nicht automatisch zu einem besseren Menschen oder jemandem, der mit dir kompatibel ist. Bleib also selbstbewusst und innerlich »groß«! Insbesondere, wenn du Menschen »oberhalb deiner Liga« datest. Dann bist du eben auch die hohe Liga, kein Grund aufzuschauen.
6. Denk immer wieder daran: Polarität ist kein Grund, in einer toxischen Beziehung zu bleiben. Lies diesen Satz bitte zehnmal laut vor!

Wie kommt man in seine Polarität?

Bestimmt fragst du dich jetzt, wie du am besten in deine Polarität kommen kannst. Genau das betrachten wir im Folgenden, und zwar je nachdem, ob du Single oder in einer Beziehung bist. In der eigenen Polarität zu sein ist in beiden Fällen wichtig, aber die Fallstricke sind jeweils andere.

Polarität als Single finden

Wenn der Datingerfolg ausbleibt, dann ergibt es aus meiner Sicht am meisten Sinn, die eigene Polarität in den Blick zu nehmen und auf den Prüfstand zu stellen. Vielleicht hat man diesem Thema bisher noch nie Beachtung geschenkt. Vielleicht denkt man, man wäre polar, ist es aber nicht. Ein Date gelingt nicht, weil man das gleiche Hobby hat. Es gelingt, weil man einen gemeinsamen Vibe spürt. Und dass dies geschieht, ist vor allem von polarem Verhalten abhängig. Alles andere, also die Fragen nach der Kompatibilität, kommt eigentlich später.

Männliche Polarität

Männer haben es aufgrund aller Einflüsse rund um Female Choice auf dem deregulierten Datingmarkt nicht gerade leicht. Die männliche Polarität hat das Grundthema des »Aufbauens«. Wie schon einmal erwähnt: Ein Mann ist nicht, ein Mann »wird« (oder eben der Mensch in der männlichen Polarität). Das heißt, jeder Mann kann und sollte kontinuierlich an sich arbeiten, um die attraktivste Version seiner selbst zu kreieren. Übrigens sind aus diesem Grund ältere Männer im Mittel oft polarer als jüngere.

Hier ein paar Anregungen:

1. **Setze konsequent um, was ich oben als polares Kennenlern- und Datingverhalten beschrieben habe:**

Immer wenn mir Männer schreiben, dass sie beim anderen Geschlecht wenig Erfolg haben, hängt es zum größten Teil an dieser fehlenden konsequenten Umsetzung. Daher ist mein Rat, die genannten Tipps wirklich auszuprobieren. Kopiere bloß nicht, was du in den Medien dazu hörst und siehst. Es ist natürlich ideal, wenn man später einmal nicht mehr über das Thema nachdenken muss und direkt diesen coolen, anziehenden Vibe lebt. Aber bis dahin kann man einfach so tun, als ob man ihn schon hätte. Das wirkt erstaunlich gut. Nehmen wir das Beispiel Texting. Du hast eine tolle Frau kennengelernt und die Telefonnummer bekommen oder direkt ein Date vereinbart. Es ist festgelegt, wann und wo ihr euch treffen werdet. Es dauert nur noch, sagen wir mal, fünf Tage, bis ihr euch seht. Vielleicht möchtest du ihr gern jeden Tag schreiben. Lass es! Teste das einfach beim nächsten Mal. Das Hauptproblem vieler Männer besteht darin, dass sie sich so gern ihren Emotionen hingeben möchten, die aber eigentlich recht bedürftig sind. Überlege daher immer: Macht mich mein Verhalten cooler und interessanter oder nicht? Oder noch platter: Was würde James Bond jetzt tun? Würde er die Welt retten und dann abends die Frau küssen oder den ganzen Tag texten? Hör bitte nicht darauf, was dir der Mainstream sagt. Dass du ein weicher Mann sein sollst, ständig über Gefühle reden sollst, ständig verfügbar sein sollst. Es funktioniert einfach nicht. Natürlich hat das alles seinen Platz. Aber in Maßen und wenn man wirklich fest zusammen ist. Dieser Punkt 1 ist das absolut Wichtigste.

2. **Arbeite an deinen Zielen und an deiner Mission:** Da die Attraktivität des Mannes eng an seinen Status gebunden ist, empfiehlt es sich, hier anzusetzen. Wie bereits erwähnt, reicht es, wenn du in deiner Blase etwas richtig gut kannst oder führend bist. Es macht nichts, wenn es ein paar Jahre dauert, da hinzukommen. Es bringt dabei für die eigene Ausstrahlung nur etwa halb so viel, wenn du Statushandlungen nur wegen des Status ausführst. Viel schöner und befriedigender ist es, wenn sie dir richtig viel Spaß machen. Zudem kommst du mehr in den polaren Vibe, wenn es wirklich deine Mission ist, die du verfolgst. Nochmals: Das muss gar nichts mit Geld oder Macht zu tun haben. Vielleicht engagierst du dich bei einer lokalen Tafel oder bist gut an der Gitarre. Das Feld spielt wirklich keine Rolle. Aber dein Wirken sollte natürlich sichtbar werden, und idealerweise sollten Frauen dich beobachten können, während du deiner Mission nachgehst. Dieser Fokus auf eine Mission verhindert auch, dass man zu bedürftig wird. Idealerweise lernst du Frauen während deiner Mission kennen, die du dann nicht mehr »kalt« auf der Straße ansprechen musst. Ab diesem Punkt setzt du dann einfach die Werkzeuge ein, die du gelernt hast.
3. **Arbeite an deinem Körper:** Man kann drüber diskutieren, ob dieser Punkt zwingend notwendig ist, denn es gibt auch unsportliche polare Männer. Aber es hilft,

wenn man regelmäßig Sport treibt. Es ist ohnehin gesund, also warum nicht zwei Fliegen mit einer Klappe schlagen? Auch kann es einen Unterschied machen, einen guten Kleidungsstil zu haben und natürlich auch sonst auf ein gepflegtes Auftreten zu achten. Man sollte nicht vergessen, dass die optischen Ansprüche an die Männer permanent steigen. Wir dürfen auch nicht vergessen, dass Frauen die V-Form des männlichen Körpers lieben. Selbst wenn du nur ein ganz kleines V erreichst, ist das schon ein Pluspunkt. Und das gilt für jedes Alter. Man sieht einem Körper einfach an, wie viel Energie in seine Umsorgung gesteckt wird. Sport hat an sich auch etwas von Yang-Energie. Es geht dabei darum, sich Ziele zu setzen und zu erreichen, sich gegen andere durchzusetzen, den inneren Schweinehund zu überwinden. Und auch diese energetische Auseinandersetzung sieht man dir an.

4. **Mach Männerdinge:** Natürlich können und sollen Männer über sich reflektieren und sich selbst analysieren. Das gehört zu unserer Fortentwicklung als Menschheit einfach dazu. Trotzdem ist es für Männer ein feiner Grat. Wenn du der Star deiner Männerselbsterfahrungsgruppe bist, dann hilft dir das bestimmt, dich besser zu verstehen. Aber es gibt dir keinen polaren Vibe. Das ist leider ein ganz großer Irrtum – übrigens soll das auch keinerlei Wertung sein. Aber ein sehr emotionaler Stil in der Kommunikation mit Frauen, der daraus hervorgehen könnte, ist nicht hilfreich. Man kann natürlich beides verbinden, also sich erforschen

und gleichzeitig kernig bleiben. Polarität ist ja nicht alles. Aber man sollte eben auch nicht für ein bestimmtes Ziel das falsche Werkzeug nutzen. Deshalb ist es ein guter Rat, Zeit unter Männern zu verbringen, die polare Dinge tun (zumindest im weitesten Sinne). Es gibt einen Grund, warum viele Frauen Männer in Uniformen mögen – weil damit oft polare Tätigkeiten einhergehen oder auch eine gewisse Macht. Wieder ist das keinerlei Wertung. Man kann sich wünschen, dass es weniger Uniformen auf der Welt gibt, und trotzdem das Thema dahinter attraktiv finden. Oft gelingt es dem Sport hier wieder gut, ein Ventil zu schaffen. Männer oder Menschen, die sich der männlichen Polarität zuordnen, können ihre Wünsche nach Rangeln, Kämpfen, Abgrenzung etc. auf eine sehr verträgliche Weise im Sport ausleben. Ich persönlich finde, dass American Football ein gutes Beispiel dafür ist. Frauen lieben generell Männer, die sich in einer rauen Umgebung durchsetzen können – und in diesem extrem körperbetonten Sport geht es vor allem ums Durchsetzen. Männer lieben die Cheerleader, die ebenfalls sportliche Höchstleistungen bringen, aber auf eine sehr weibliche Weise. Wenn du jetzt innerlich aufschreist: Auch Frauen dürfen American Football spielen, aber ehrlich gesagt habe ich davon noch nie etwas gehört. Und auch Männer dürfen ein Cheerleader-Team gründen, aber das scheint ebenso nicht allzu verbreitet zu sein. Und nochmals sei betont: Es ist nur *ein* Bereich der Welt. Es gibt viele Menschen, die sich innerlich und äußerlich anders definieren, und das ist auch völlig in Ordnung.

5. **Date die Frauen, die dich mögen:** Unsere Körper matchen sich schon von Natur aus in hohem Maße – zumindest im echten Leben, nicht unbedingt online. Es ergibt wenig Sinn, dagegen anzurennen. Vielleicht findest du eine bestimmte Frau attraktiv, sie dich aber überhaupt nicht. Polarität hilft zwar sehr beim Dating, aber jede Frau hat eine große Gruppe von Männern, die sie niemals daten würde. Man macht sich das Leben viel leichter, wenn man versucht, die Frauen zu identifizieren, bei denen man ohnehin schon einen kleinen Stein im Brett hat.

Weibliche Polarität

Frauen oder Menschen, die sich der Yin-Polarität zuordnen, haben es gleichzeitig leichter und schwerer. Wie schon erwähnt: Wenn du jung bist und dein Körper maximal signalisiert, jetzt Gene weitergeben zu können, musst du oft gar nichts dafür tun, männliche Aufmerksamkeit zu bekommen. Häufig muss man als Frau überhaupt erst aktiv werden, wenn man die 30 oder 40 überschreitet (oder auch noch später). Es ist für viele Frauen wichtig, diesen Umstand dann erst einmal zu akzeptieren.

Auch für die weibliche Polarität ein paar Tipps:

1. **Mach dich schön:** Wir haben ja bereits besprochen, wie stark biologische Marker visuell durch den Mann abge-

fragt werden. Aus dieser Sicht ist das »Zurechtmachen« von Frauen definitiv ein Aspekt der Polarität. Ob das nun Schminken oder einfach viel Körperpflege ist, das muss man für sich selber herausfinden. Auch hier zählt vor allem die Ausstrahlung, die man erzeugt. Sie erleichtert in jedem Lebensalter das Dating deutlich. Allein die Haltung, sich Mühe zu geben, weil ja auch der Mann sich Mühe gibt, hat ihre Wirkung. Merke dir immer wieder: Polarität ist die Kraft des Unterschiedes!

2. **Sei sanft:** Wenn du auf deinem Date weibliche Polarität entfalten möchtest, dann sei sanft, weich und geschmeidig. Natürlich nur wenn du das mit diesem bestimmten Mann möchtest und ihm vertraust. Wenn ein Mann freundlich, stark, souverän, autonom ist und du ihn magst, ist es eine ganz natürliche Reaktion, in die sanfte weibliche Polarität zu gehen. Man kann diese Sanftheit auch Hingabe nennen. Sie entfaltet eine enorme erotische Wirkung auf Männer, die diese gewisse energetische Fürsorglichkeit lieben. Auf einem Date kannst du sie – wenn du möchtest – schon demonstrieren. Natürlich ohne deine Standards zu brechen: Bei jemandem, der sich respektlos verhält, gibt es keinen Grund zum Weichsein. Wichtig ist, dass du einen Mann identifizierst, der in einer modernen, respektvollen Polarität ist und nicht einfach nur ein *bad guy*.
3. **Sei kommunikativ:** Alles rund um Kommunikation ist vor allem in dir verankert. Natürlich soll sich der Mann auch gesehen fühlen, aber in der Regel fühlen sich die

meisten Dates stimmig an, wenn die Frau 70–80 Prozent Redeanteil hat. Halte dich da bitte nicht zurück.

4. **Spiel keine Spiele**: Wenn ich Datingratschläge für Frauen lese, gehen die oft in die Richtung »Sich extra nicht melden«, »Sei ein Star, mach dich rar« etc. Ich kann hiervon nur abraten. Natürlich sollte man es nicht übertreiben und selber gar zu viel wollen. Aber während die männliche Polarität eher zurückhaltend ist, darf die weibliche begeistert nach vorne gehen. Wenn du den Drang fühlst, kannst du dich (fast) jederzeit beim Mann melden. Das Zurückhalten der Frau zieht leider eher bindungsängstliche oder uninteressierte Männer an.
5. **Erlaube dir, vage zu sein:** Es reicht, wenn du dem Mann mehr oder weniger subtil klarmachst, dass du ihn eigentlich ganz gut findest. In der weiblichen Polarität begibt man sich dazu in die Umlaufbahn des Mannes, was auch immer das im Einzelfall bedeutet. Es kann sein, dass du beim Sport stets neben ihm stehst. Du kannst ihn anschauen, anlächeln. Vielleicht berührst du ihn »zufällig«, wenn ihr nebeneinandersteht. Lass den Mann dann die Arbeit machen. Es ist nicht, dass du das nicht darfst, aber *wieder* läufst du Gefahr, entweder bindungsvermeidende oder uninteressierte Männer anzuziehen.
6. **Lass dich fallen:** Das ist vielleicht das Wichtigste. Lass deinen Kopf los, wenn du dir einigermaßen sicher bist, dass du keinen Serienkiller datest. Natürlich heißt das nicht, naiv oder leichtsinnig zu sein. Ein kleines »Peri-

skop« sollte man schon draußen lassen wie beim U-Boot. Aber wenn du deinen Kopf zu sehr einsetzt, fällst du aus der Polarität. Spiel damit und versuch zu spüren, wann du dich fallen lassen möchtest und wann nicht. Wenn du dich aufgrund vorheriger Erfahrungen nicht fallen lassen kannst, dann setze dich damit auseinander. Mit den besprochenen Standards und Dealbreakern kannst du viel sicherer daten, dann ist es vielleicht auch wieder Zeit, sich in die Liebe hineinfallen zu lassen.

7. **Verbinde dich mit anderen Frauen, die du als sehr polar wahrnimmst:** Vielleicht gibt es ja etwas, was du dir abschauen kannst. Denke nicht, dir ganz persönlich wäre es unmöglich, in die Polarität zu kommen. Man kann immer einen Schritt weitergehen und sein Game verbessern.

Beide Polaritäten

Für beide Polaritäten ist es förderlich, wenn sie selbstbewusst sind und Selbstliebe demonstrieren. Wenn sie also klare Grenzen haben und sich nicht schlecht behandeln lassen. Wenn ein Mensch ganz in der Selbstliebe ist, ohne ins Ego zu fallen und damit zu egozentrisch zu sein, ist das eine der attraktivsten Eigenschaften überhaupt. Man respektiert diese Menschen, und Respekt kommt oft vor der Liebe. Es ist fast unmöglich, jemanden aus dem Eros zu lieben, den man nicht respektiert.

Für beide Geschlechter gilt: Date mit Standards und Dealbreakern. Nimm Beziehungen nicht zu wichtig. Versuche einfach, einen guten Abend zu haben, und nicht, ständig den Lebenspartner zu finden. Dating ist im Grunde total einfach, wenn wir gut geschützt sind und es schlicht laufen lassen. Es ist kein Bereich, den man mit dem Kopf allein lösen kann. Zusammen Spaß zu haben ist das größte Aphrodisiakum. Und versetze dich bitte in den anderen hinein, wenn du ihn beeindrucken willst. Schließe nicht ohne Weiteres von dir auf andere.

Um es abschließend nochmals zu betonen: Es ist wichtig, die in diesem Kapitel aufgeführten Ratschläge exakt umzusetzen. Wenn du damit nicht bessere Ergebnisse erzielen *solltest* (wovon ich natürlich nicht ausgehe), kannst du ja jederzeit auf deine alten Verhaltensweisen zurückgreifen. Wenn mir Menschen frustriert schreiben, die meine Methoden und Standpunkte ansatzweise kennen, dann ist immer ganz leicht ersichtlich, dass sie diese nicht exakt umgesetzt haben.

Zurück in die Polarität in Langzeitbeziehungen

Es ist keine Schande, in dauerhaften Beziehungen aus der Polarität zu fallen. Ich würde sogar so weit gehen zu sagen, dass es eigentlich der Normalfall ist. Die Frage ist nur, mit welcher Geschwindigkeit es passiert bzw. wie sehr man das zulässt. Natürlich gleicht man sich in langen Verbindungen an, und das stärkt zwar die freundschaftliche Ebene, aber nicht die polare. Wie wir schon erläutert haben, sind eher unteraktivierte Beziehungen in Gefahr, die Polarität zu verlieren (bzw. fehlende Polarität ist zusammen mit anderen Einflüssen der Grund für die Unteraktiviertheit). Mangelnde sexuelle Anziehung ist auch ein Aspekt, der anfälliger macht für alle Arten von Zweifel an der Beziehung oder Fremdgehen.

Um eine Gegenbewegung einzuleiten und die Beziehung wieder spannender zu gestalten, ist es zunächst einmal wichtig, mehr die Unterschiede zu betonen als die Gemeinsamkeiten. Was möchtest du anders machen, was auch einmal ohne den Partner unternehmen? Gehe mehr Risiken ein in der Beziehung, natürlich mit offenem Visier und Klarheit in deiner Kommunikation. Das ist auf jeden Fall polar. Es ist offensichtlich kein guter Zug fremdzugehen. Aber zu sagen, dass man aufgrund des fehlenden Sexes so frustriert ist, dass man am liebsten fremdgehen würde, ist eine sehr polare Aussage. Man kann keinen hundertprozentigen Frieden in der Beziehung haben und gleichzeitig polar sein. Das ist ein Widerspruch in sich. Diese beiden Anteile von Liebesbeziehungen auszugleichen ist die Kunst.

Für den Mann gilt auch hier wieder, in sein kraftvolles Verhalten zu finden. Wenn die Frau ihn zum Beispiel respektlos behandelt (hier sind wirklich gravierende Dinge gemeint wie eine Außenbeziehung), muss der Mann nicht Rosen schenken, sondern ruhig und gelassen klare Grenzen ziehen. Voraussetzung hierfür ist das, was ich gerne Trennungskompetenz nenne. Ich kann keine Grenzen setzen, wenn ich ständig Angst habe vor einer Trennung. Diesen Schmerz und dieses

Risiko auf sich zu nehmen gehört definitiv zur Polarität – letztlich für beide Geschlechter. Dieses Verhalten empfinden viele Männer als nicht intuitiv. Sie haben in Hunderten von Filmen gesehen, dass man bettelt, Geschenke macht, der Frau hinterherrennt. Wenn man aber das Thema dieses Buches verstanden hat, weiß man, dass nichts falscher sein könnte.

Es ist äußerst wichtig, dabei ganz ruhig zu bleiben. Wenn du als Mann laut oder auch nur ansatzweise aggressiv Grenzen setzt, musst du damit rechnen, dass du noch mehr abgestempelt wirst. Auch hilft es, eigene Projekte und Freunde zu haben und vor allem mit hoher Energie seine Mission zu verfolgen. Vielleicht bist du nachlässig geworden und hast gedacht, dass deine Frau dich nun auf alle Zeiten liebevoll umsorgt und du nicht viel dafür machen musst. Aber deine Aufgabe ist es, eben weiter in der Yang-Energie zu bleiben.

Für die Frau ist es ebenso wichtig wie für den Mann, gegebenenfalls Grenzen zu setzen. Sie sollte ihn aus meiner Sicht darüber informieren, dass sie ihn im Moment nicht mehr so männlich findet und welche Wirkung das auf sie hat. Man muss dabei nicht unfreundlich werden, aber die Botschaft sollte klar sein, auch wenn es unangenehm ist. Alle Frauen haben im Grunde ein untrügliches Gespür für diesen Prozess. Du musst nicht genau wissen, was der Mann jetzt tun soll. Denn dann würde er nur wieder das machen, was du verlangst. Es ist vielmehr seine Aufgabe zu definieren, was Yang-Energie hier und jetzt für ihn bedeutet, wobei es gerade nicht um den ewigen Konsens geht. Was du als Frau aber in dieser Situation tun kannst, ist, weich und offen zu bleiben, trotzdem deinen Mann respektvoll zu behandeln, ihm etwas Raum und Zeit zu geben und vor allem in der Kommunikation zu bleiben. Wichtig ist, dass diese Kommunikation wirklich glasklar ist. Es ist nicht förderlich, um den heißen Brei herumzureden. Lass dich wieder von deinem Mann daten wie in alten Zeiten. Macht wieder genau das, was euch zu Beginn eurer Beziehung zusammengebracht hat.

Natürlich kann auch eine Paartherapie bei diesem Prozess helfen. Polarität ist aber leider ein Thema, das viele Paartherapeuten aus den schon genannten Gründen (es gibt auch einen psychologischen Mainstream) nicht wahrnehmen. Damit verschenkt man eine der wichtigsten Einflussgrößen, die man auf Beziehungen hat. Wenn die Spannung nicht mehr vorhanden ist, kann man die Beziehung nicht allein durch Verständnis retten.

Polaritätsübungen für Paare

1. **Der »Was-ihr-wollt-Tag«:** Diese Übung ist regelrecht der »Horror«, wenn man sie ernst nimmt. Verbringt einen Tag gemeinsam, an dem ihr Zeit habt und nicht arbeiten müsst. Zum Beispiel am Wochenende. Die Aufgabe besteht für euch beide darin, den ganzen Tag *das zu machen, was ihr wollt.* Wenn das eine

Tätigkeit sein sollte, die die andere Person betrifft, dann lädst du sie dazu ein. Diese kann natürlich Ja oder Nein sagen, beide machen schließlich, was sie wollen, und sind respektvoll zueinander. Es ist *kein* Tag für Kompromisse. Wenn du den ganzen Tage Sportschau gucken willst, machst du das. Wenn du Zeit mit deinem Partner verbringen willst, lad ihn ein. Wenn sich deine Meinung nach fünf Minuten ändert, dann handle dementsprechend. Den ganzen Tag lang. Du wirst merken, wie unglaublich schwer das ist, vor allem, wenn man in einer unteraktivierten Beziehung ist. Man sucht dann automatisch immer den Kompromiss. Das wollen wir hier gerade nicht. Du sollst deine eigene Position finden und ihr kompromisslos folgen. Diese Übung kann dir viel Aufschluss geben, ob du das generell in deinem Leben bereits machst oder nicht.

2. **Eine andere Meinung haben:** Versuche, dich in Diskussionen nicht immer auf die 80 Prozent Konsens zu fokussieren, sondern auf die 20 Prozent Unterschiede. Wenn dein Partner Frühstück macht und du das Nutellabrot mit Butter möchtest, dann sag das.
3. **Die männliche Polarität führt die weibliche einmal die Woche aus:** wie in der Anfangszeit der Beziehung und mit allem Pipapo.

4. **Die weibliche Polarität überlässt der männlichen für einen Monat die Führung:** Wo genau, das kann man einfach mal ausprobieren. Überlasse dem Mann die Initiative und kritisiere ihn nicht bei der Ausführung. Versuche, nicht zu »meckern«. Sprecht nach dem Monat ausführlich über diese Erfahrung. Was war positiv, was negativ?
5. **Geht femininen oder maskulinen Hobbys nach:** Feminin heißt nichts Altmodisches oder Schwächliches, vergiss das nicht.
6. **Schutz und Unterstützung:** Schaue als Mann, wo du deine Frau im weitesten Sinne beschützen kannst. Als Frau kannst du dich fragen, wo du deinen Mann aufbauen und ihm den Rücken stärken kannst. Vielleicht denkst du jetzt: »Ich kann mich selber beschützen!« Oder: »Er soll sich doch selber aufbauen.« Ja, natürlich geht das, aber der Polarität tut das gut. Trotzdem könnt ihr euch den Haushalt und das Geldverdienen gleichmäßig aufteilen.
7. **Schlüpft einen oder mehrere Tage bewusst in die jeweils andere Polarität:** Diese etwas paradoxe Übung gilt natürlich für beide Partner. Es kann sein, dass keine Übung dir so schnell den Sinn der Polarität nahebringt wie diese.

Moderne Polarität?

Polarität ist essenziell für erotisch spannende Beziehungen. Doch diese allein macht nicht unbedingt eine gute Beziehung aus. Tatsächlich gibt es in vielen Beziehungs- und Datingsituationen sehr viel Polarität (zumindest auf den ersten Blick), und trotzdem verlaufen diese Kontakte einseitig, kontrollierend oder destruktiv. Wir brauchen eine moderne Polarität, die uns ganz Frau und Mann sein lässt und dennoch zutiefst respektvoll ist. Sie ist aus meiner Sicht die echte Polarität. Es ist eben nicht nur die biologische Fundierung, sondern auch das Wertschätzen dieser zutiefst in uns angelegten energetischen Pole. Wir lieben dieses fundamental Weibliche und Männliche, ganz unabhängig von sexueller Ausrichtung oder sozialem Geschlecht. Es reicht so tief, dass man regelrecht spüren kann, wie unsere ganze Dimension nach diesen Energien ausgerichtet ist, wenn man in sich hineinfühlt. Auf die spirituelle Dimension der Polarität kommen wir ausführlich im letzten Teil dieses Buches zu sprechen.

Moderne Polarität verbindet den Wunsch nach spannenden Beziehungen mit meinem Konzept von Standards und Dealbreakern. Ein Mann kann zum Beispiel oberflächlich betrachtet sehr polar sein, aber gleichzeitig nicht ehrlich. Häufig zeigt sich das darin, dass jemand in der anfänglichen Phase des Verabredens ein sehr guter Dater ist – charmant, nett, selbstbewusst –, sodass sich die Frau vielleicht Hals über Kopf verliebt. Aber wenn man dann feststellt, dass es in der Beziehung kein Commitment oder keine sexuelle Exklusivität gibt, dann ist es richtig, die »Fersen in den Boden zu rammen«, zu sich zu stehen und eine klare Grenze zu setzen.

Ebenso kann eine Frau wunderbar emotional, fürsorglich, spannend in der Sexualität, aber gleichzeitig emotional illoyal, mit jedem flirtend, unberechenbar sein. Dann gilt das Gleiche, wenn wir feststellen, dass uns das als Partner einfach nicht guttut.

Moderne Polarität versucht, diese Aspekte in einer wirklich respektvollen Weise zu verbinden. Als Mann oder Frau bist du dann nicht nur attraktiv, in deiner Kraft, selbstbewusst, sondern du verhältst dich auch nach Möglichkeit ethisch klar. Wenn du zum Beispiel keine feste Beziehung möchtest, stellst du das im Datingprozess klar und tust nicht so, als ob es anders wäre. Es handelt sich aus meiner Sicht erst um die echte, wahre Polarität, wenn man komplett zu sich steht und nicht versucht, den Partner zu manipulieren, um die Vorteile des Singlelebens mit denen von Beziehungen zu »kombinieren«, ohne den Partner davon in Kenntnis zu setzen. Alles andere ist im Prinzip nur eine aufgesetzte »Fake«-Polarität.

Tatsächlich ist diese Kombination erstaunlich schwer zu finden. Ich höre immer wieder von meinen Klienten und meiner Community, dass man entweder auf sehr »nette« Menschen trifft, die einen gern auf »Händen tragen möchten«, aber leider nicht sehr polar wirken. Oder man stößt auf polare Datingpartner – doch dann wird es schnell toxisch, weil es nicht ehrlich zugeht. Woran könnte das liegen?

Der Mensch ist schlichtweg nicht perfekt, viele versuchen aus der Situation am meisten Kapital zu schlagen. Menschen, die sehr in ihrer Polarität sind, haben viele Datingoptionen. Man könnte auch sagen, sie haben mehr Macht auf dem Markt der Liebe. Und wir Menschen neigen leider doch sehr dazu, diese Macht auch für uns auszunutzen. Viele attraktive Menschen merken, dass sie mit unsozialem Verhalten straflos davonkommen, und gewöhnen sich daran.

Oft sind es auch alte Prägungen, die uns immer wieder instabile oder destruktive Partnerschaften suchen lassen. Es ist nicht so, dass es wirklich nicht den passenden Partner gibt. Wir wählen in Wirklichkeit entsprechend aus. Mein Datingratschlag lautet daher: Sei ruhig etwas anspruchsvoll, du möchtest beides, jemanden, der sowohl polar als auch zuverlässig ist. Zumindest sollte er nicht so unzuverlässig sein, dass du dich ständig damit befassen musst und womöglich verlustängstlich wirst.

Das Gleiche gilt natürlich auch für dich selber. Wenn du – vielleicht auch durch dieses Buch – für andere attraktiver wirst, unterliegst du vielleicht auch der Versuchung, das in irgendeiner Weise auszunutzen. Mach es nicht! Wir haben schon genug manipulative Menschen in der Welt. Es kann aber durchaus sein, dass sich deine Pläne ändern. Vielleicht möchtest du gar nicht mehr langjährige Beziehungen haben, wenn dein Marktwert steigt. Das ist okay. Aber dann sei auch ehrlich und kommuniziere das. Eine echte Polarität setzt sich für die eigene Person ein, ohne andere auszunutzen.

5

Der Zusammenprall von Mainstream und Polarität

Das Beispiel Catcalling: Sollen Männer sich mehr zurückhalten?

In den sozialen Medien wird immer wieder das sogenannte Catcalling kritisiert. Damit ist zum Beispiel der sprichwörtliche Bauarbeiter gemeint, der einer Frau hinterherpfeift (was übrigens keineswegs in allen Ländern ein Problem ist – andernorts finden Frauen das nicht unbedingt unangemessen). Es kann aber auch ein Mann sein, der eine Frau im Fahrstuhl anspricht etc.

Auf Social Media wird dieses Verhalten oft mit einem regelrechten Widerwillen betrachtet (der bestimmt auch da ist), insbesondere, wenn der Mann womöglich deutlich älter ist. Leider ist es aber nicht so, dass Frauen überhaupt nicht angesprochen werden wollen, ganz im Gegenteil. Für viele Frauen ist es entsetzlich frustrierend, wenn sie irgendwann nicht mehr oder kaum noch angesprochen werden, weil sie vielleicht ein bestimmtes Alter erreicht haben. Es wird nur als nervend und unangemessen empfunden, wenn das jeden Tag mehrfach passiert – und wenn der Annäherungsversuch von den falschen Männern initiiert wird, die man als völlig ungeeignet erlebt.

Das Witzige und Ambivalente daran ist, und auch das ist eine Wahrheit: Wenn der begehrte Schwarm oder Alphamann eine Frau im Fahrstuhl anspricht, dann ist es nicht nur kein Catcalling mehr, sondern plötzlich das große Abenteuer, das gerade beginnt und höchst willkommen ist. Wie wir bereits festgestellt haben, wollen Frauen ja selber in aller Regel keineswegs Männer direkt ansprechen.

Kommen wir im Kontext der Frage nach der Zurückhaltung von Männern nochmals auf die Gillette-Werbung zu sprechen, die wir am Anfang des Buches thematisiert haben. Soll ein Mann einen anderen davon abhalten, eine Frau anzusprechen, wie es in dem Spot gezeigt wird? Ich kann Männern hierzu überhaupt nicht raten. Natürlich darf und sollte man empathisch sein und spüren, wann eine Ansprache nicht passt. Nur leider gibt es im Alltag etliche Situationen, wo das nicht klar ersichtlich ist. Außerdem muss man ja nicht mit der Tür ins Haus fallen und direkt fragen: »Kommst du mit zu mir?« Man kann stattdessen einfach Smalltalk halten und schauen, wie sehr die andere Seite darauf eingeht. Wenn das *physical* abgehakt ist, freut man sich doch sehr über einen Smalltalk und auch mehr. Das *physical* ist das blitzschnelle

Abchecken des anderen, ob Sex *grundsätzlich* infrage kommen *könnte*. Dafür brauchen wir maximal ein paar Sekunden, wenn überhaupt. Dieses Abchecken kann man nicht planen oder vorhersehen. Entweder es funkt kurz zwischen zwei Fremden oder nicht. Alter, Gender, Religion, Nationalität spielen da nur eine begrenzte Rolle.

Ich persönlich musste mir das Thema Polarität Stück für Stück erarbeiten. Ich bin von Natur aus extrem introvertiert und neige einfach dazu, zu nett zu sein. Vielleicht ist das meine genetische Prägung, vielleicht mein familiäres Programm. Zu 100 Prozent kann ich auch nicht aus meiner Haut. Aber ich kann polares Verhalten abrufen, wenn es sein muss. Andere Menschen anzusprechen finde ich immer noch seltsam. Ich hatte in meinem Leben aber immer mal wieder Männerfreunde, die einfach jedes weibliche Wesen angesprochen haben, wenn wir abends unterwegs waren. Und ich muss sagen, die Erfolgsrate in Hinsicht auf zumindest erfolgreichen Smalltalk war wirklich beeindruckend. Was ich immer wieder beobachten konnte, war, dass Frauen es generell mögen, wenn ihnen auf freundliche und intelligente Art Beachtung geschenkt wird. Es wäre ein Jammer für alle Geschlechter, wenn das nicht mehr passieren würde. Ich prognostiziere: Je mehr Freiheit man den Menschen lässt, desto mehr werden sie ihre Unterschiedlichkeit lieben (und keineswegs immer gleicher werden). Das Leben wird doch gerade von den Unterschieden belebt. Hast du lieber Tag und Nacht oder rund um die Uhr ein Dämmerlicht? Ich kann nicht begreifen, was gut daran sein soll, wenn alle Unterschiede nivelliert werden und alle Menschen gleiche Verhaltensweisen an den Tag legen sollen. Wie schon einmal erwähnt: Männer können nun mal zum Beispiel nicht gebären und nicht stillen (bis jetzt war das zumindest weitgehend so richtig). Sie können trotzdem Kinder versorgen. Frauen könnten auch auf einer Bohrinsel arbeiten, machen es aber zu 99,9 Prozent nicht. Das hat alles seine Gründe. Man muss sich das Leben nicht unnötig schwer machen.

Radikalisierung: Red Pill und Co.

Die gesellschaftliche Öffnung bisheriger Liebes- und Beziehungskonventionen und die damit einhergehende Steigerung des Female-Choice-Prinzips läuft keineswegs besonders glatt ab. Ganz im Gegenteil, sowohl Männer als auch Frauen suchen sich scheinbar zielsicher oft ein Gegenüber aus, das ihnen nicht guttut oder ihnen das Herz bricht. Ein Zuviel an Wahl im Datingpool hat ebenso seine Schattenseiten. Viele Menschen vereint ihre Frustrierung, und im Zeitalter des Internets haben sie zahlreiche Möglichkeiten, sich beispielsweise in Onlineforen zu sammeln. Daraus sind Radikalisierungen entstanden sowie eine frustrierte Männer- und eine frustrierte Frauen-Bubble.

Manosphere

Die Manosphere ist ein englischer Begriff, der Gruppen bezeichnet, die man vielleicht gemeinhin unter »toxischer Männlichkeit« zusammenfassen würde. Es sind Zusammenschlüsse von Männern, die feststellen, dass sie so wie bisher nicht mehr weiterkommen (was übrigens durchaus eine richtige Einschätzung ist). Sie bemerken, dass eben nicht mehr fast jeder Mann eine Frau »abbekommt«. Weiter registrieren sie, dass die allseits propagierte »neue Männlichkeit«, die eigentlich einen feminisierten Mann meint, überhaupt nicht funktioniert. Nur weil der Mann stets freundlich und zugewandt ist und offen über seine Gefühle redet, einer Frau, mit der er bisher nur »befreundet« ist, immer jede Glühbirne einschraubt und den Kühlschrank in die Wohnung trägt, heißt das keineswegs, dass diese Frau ihn auch »erhört« oder mit Sex »belohnt« (was sie auch keineswegs muss). Ganz im Gegenteil stellen diese Männer fest, dass ihre Angebetete weiter ganz andere Männer datet, die »ihr Ding machen«, eher konfrontativ bis verwegen sind und sich nicht viel um diese neue Männlichkeit scheren.

Mir fallen drei Gruppen in diesem Bereich auf.

1. Pick-up-Artists

Dies sind meist jüngere Männer, die versuchen, offline, also auf der Straße oder woanders im echten Leben, Frauen direkt anzusprechen. Dabei werden allerlei »Tricks« und Vorgehensweisen in entsprechenden Foren und Social-Media-Kanälen ausgetauscht. Man trifft diese oft in Gruppen auftretenden Männer zumeist in Fußgängerzonen. Ihr Ziel sind keine dauerhaften Beziehungen, sondern möglichst viele sogenannte lays, also erfolgreiche Verführungen. Es gehört eine Menge Mut dazu, eine fremde Frau direkt anzusprechen, und tatsächlich ist das eine Fähigkeit, die beim Dating sehr hilfreich sein kann. Da viele Frauen auch nicht jeden Tag angesprochen werden, könnten sie fälschlicherweise annehmen, dass die Ansprache etwas ganz Besonderes ist – was aber definitiv nicht der Fall ist. Sie ist nur zufällig die nächste Frau, die ins Beuteschema passt und vorbeikommt. Tatsächlich haben Pick-up-Artists erfolgreiche Methoden ersonnen, die deshalb funktionieren, da sie in Richtung eines männlich polaren Verhaltens gehen. Leider sind aber viele Verhaltensweisen dabei, die manipulativer Natur sind, wie zum Beispiel die Frau zu verunsichern, nachdem man ihr ein Kompliment gemacht hat. Insofern wirken viele Routinen wie der typische Einstieg in toxische Kurzbeziehungen.

Die Szene der Pick-up-Artists ist demnach nicht unproblematisch. Aber natürlich muss man auch sehen, dass hier frustrierte Männer versuchen, den Erfolg zu haben, den sie vorher nicht hatten. Denn wie wir schon festgestellt haben, gehören viele junge Männer zu den Verlierern auf dem offenen Datingmarkt. Einige Standpunkte und Methoden kann man auch durchaus vertreten, es ist beispielsweise gut, durch polares Verhalten erfolgreicher beim anderen Geschlecht zu sein. Aber beim Führen von Beziehungen helfen diese Techniken im Grunde nicht, denn dazu sind sie nicht ausgelegt.

Was mich am meisten bedrückt, ist die Wut und manchmal sogar der Hass auf Frauen, der in den Foren spürbar wird. Außerdem ist das stundenlange Ansprechen an sich auf eine höhere Art schon wieder extrem bedürftig, insofern entwickelt sich hier nicht eine moderne, faire Polarität. Ein wirklich polarer Mann kann auch hervorragend allein sein und fühlt sich nicht als halber Mensch, nur weil er keine Freundin hat.

2. Red Pill

Sie ist gewissermaßen die Fortsetzung der Pick-up-Artist-Szene bzw. ging daraus hervor. Auch diese Szene ist zumindest in den USA ein großes Internetphänomen, und es schwappt immer mehr herüber. Unter fast jedem Youtube-Datingvideo finden sich Red-Pill-Kommentare. Die rote Pille ist eine Anspielung auf die Schlüsselszene in dem Film *Matrix*, in der der Protagonist entscheiden kann, ob er eine blaue Pille schluckt (er bleibt in einer Traumwelt) oder eben die rote (er wird unsanft aus der Scheinwelt geweckt, aber erfährt dafür die »Wahrheit«). Die blaue Pille steht demnach dafür, weiter das zu glauben, was die Gesellschaft über das Verhältnis von Männern und Frauen »lehrt«. Die rote Pille ist hingegen ein Symbol dafür zu erkennen, was wirklich der Realität entspricht. Wenn das alles wäre, könnte ich mich damit sogar anfreunden, denn mit ebendem beschäftigen wir uns in diesem Buch. Der Red-Pill-Szene geht es dabei auch um eine wissenschaftliche Auseinandersetzung mit der Frage, welche negativen Folgen Wokeness und Feminismus auf Männer haben (allerdings gibt es hier einen gewissen Bias, denn Studien, die der Red-Pill-Bewegung widersprechen, werden nicht thematisiert).

Ich sehe mich nicht als Teil dieser Community, weil auch hier wieder viel Misogynie im Spiel ist. Diese ist nicht mehr ganz so offensichtlich wie bei den Pick-up-Artists, aber generell doch zu spüren. Frauen sind aber keineswegs der »Gegner«, sie sind Mitspieler in diesem wunderbaren polaren Spiel. Wie ich schon in meinem letzten Buch *Die neue Dimension der Liebe* ausgeführt habe, bin ich der Meinung, dass so ein Opferdenken keine günstigen Realitäten schafft. Außerdem fehlen mir hier konkrete und gut durchdachte Vorschläge, was man an der Situation ändern kann – ohne dass es einen Gewinner und einen Verlierer geben muss. Ich kann allerdings verstehen, warum sich diese Bewegung in einer Welt entwickelt, wo dem jungen oder alten heterosexuellen Mann teilweise mit Verachtung begegnet wird. Auch die Analysen sind an vielen Stellen korrekt, wobei leider oft mitschwingt, dass man jetzt den Spieß umdrehen will, und damit betreten wir den Bereich der Täter-Opfer-Beziehungen, der uns nicht wirklich weiterbringt.

Man darf auch nie vergessen, dass eine echte Polarität den jeweils anderen Pol stets zutiefst verehrt und feiert. Eine echte Polarität will das andere Geschlecht nicht übers Ohr hauen oder irgendwie herabsetzen, auch nicht bei all der Frustrierung, die uns die jeweiligen Egos bereiten. Es bringt dabei gar nichts, selber ins Ego zu gehen. In der Red-Pill-Szene werden keine Aspekte »gelehrt«, die über Ansprechen und Dating hinausgehen. Es wird sich jedoch viel über »die Frauen« beschwert. Außerdem hat diese Bewegung manchmal sektenhafte Züge. Wer als Mann nicht dafür ist, rückt automatisch in die Nähe der verachtenswerten Blue Pill oder wird sogar NPC genannt: Dies ist ein Begriff aus der Computerspielszene und bezeichnet einen *non-player character*, also eine dumme, vom Computer gesteuerte Figur, die nur Staffage ist und keine wirkliche Handlungsfreiheit besitzt.

Hier bewahrheitet sich: Wenn man einen Schraubenzieher hat, wird schnell die ganze Welt zu einer Schraube. Ich finde das schade, weil die Ansammlung an Wissen in dieser Szene bemerkenswert und auch wirklich hilfreich ist. Aber vielleicht ist die Entwicklung ja noch nicht abgeschlossen.

3. Black Pill

Die Männer, die sich zur Black-Pill-Community zählen, haben die Hoffnung auf glückliche Kontakte mit dem anderen Geschlecht im Wesentlichen aufgegeben. Sie sehen Frauen als diejenigen, die die Männer unterdrücken, und sich selbst häufig als Verlierer in der genetischen Lotterie. Wenn man zum Beispiel unter 1,80 m groß sei, habe man im Prinzip auf dem Datingmarkt keine Chance, selbst wenn man spezielle Methoden und Tricks anwende.

Auch hier sind viele Standpunkte nicht vollkommen falsch, doch die Black-Pill-Anhänger existieren in einer traurigen Welt, in der sie jede Hoffnung aufgegeben haben. Das kann ich überhaupt nicht teilen. Man kann auch unter 1,80 m Körpergröße sehr polar und damit anziehend auftreten, um einmal bei diesem Beispiel zu bleiben.

Alles in allem könnte ich mir trotz der genannten problematischen Aspekte der Manosphere vorstellen, dass aus ihr noch interessante Aspekte für eine neue Männlichkeit jenseits gesellschaftlicher Vorgaben hervorgehen können.

Womansphere

Es gibt zwar keinen analogen Begriff für Frauen, aber es existiert eine Szene, die der Manosphere entspricht, sie hat bisher nur keinen einheitlichen Namen (vielleicht, weil sie dem Mainstream näher ist). Hier tummeln sich ebenso Menschen, die tief enttäuscht sind von ihren Datingerfahrungen und denen oft übel mitgespielt wurde. Es ist ein Mythos, dass nur Frauen oder nur Männer respektlos behandelt werden. Aus meiner gesammelten Beratungserfahrung kann ich mit Bestimmtheit sagen, dass beide Geschlechter – oder einfach: alle Menschen – sich in Hinsicht auf Destruktivität oder Negativität auf gleichem Niveau bewegen. Es gibt zwar im Einzelnen Unterschiede, aber desaströse Erfahrungen machen alle Geschlechter (auch die sozialen).

Bei den Frauen sehe ich ähnliche Tendenzen wie bei den Männern, es bilden sich radikalisierte Gruppen. Der Schwerpunkt liegt auf den »Narzissmus«-Foren und ähnlichen Social-Media-Kanälen. Wie bei den männlichen Pendants wird dabei durchaus richtiges Wissen angesammelt über zum Beispiel »Narzissten« und destruktive Beziehungen, aber man bleibt in einer Art Opferhaltung, die besagt, dass einen selbst keine Schuld trifft. Richtig ist: Man hat keine Schuld daran, wenn einen der Partner schlecht behandelt, aber man hat eine Mitverantwortung, wenn man zu lange und aus den falschen Motiven in diesen Verbindungen bleibt. Man überlegt zudem gar nicht, ob nicht manchmal aktiv negative Anteile in diese Beziehungen hineingegeben werden. Die eigene Auswahl von Partnern wird negiert, stattdessen hat nur der »böse« Mann Schuld, der einem den Kopf verdreht hat. Das ist ein ganz schmaler Grat, weil ja wirklich schlimme Dinge in Beziehungen passieren. Aber es gehören auf lange Sicht zwei dazu, die das Spiel aufrechterhalten. Außerdem würden sich negative männliche Datingstrategien schnell auflösen, wenn Frauen sie nicht immer wieder selektierten, also bewusst oder unbewusst auswählen. Man kann toxische Beziehungen nicht einfach auf ein Geschlecht reduzieren.

In diesen Foren liest man neben berechtigter Frustrierung oft von Beziehungssituationen, in denen eigentlich nicht viel vorgefallen ist, außer dass sich der Mann einmal abgegrenzt hat oder einfach nicht mehr die Beziehung wollte. Der bereits erwähnte Schraubenzieher ist hier, dass alle Männer die

Schraube »Narzissten« oder »Psychopathen« sind. Wie schon gesagt, ist es teilweise immer noch ziemlich en vogue, Männer abzulehnen oder gar abzuwerten. Vermutlich ist das eine Gegenbewegung zu den Hunderten Jahren Patriarchat, und womöglich muss das Pendel einmal in die andere Richtung ausschlagen – hochschwingend ist es aber nicht.

Zusammengefasst sind diese Szenen wohl natürliche Entwicklungen, und vielleicht muss die einzelne Person da schlicht »durch«. Vielleicht braucht man einfach mal so ein Jammerjahr. Aber bitte bleibe nicht an diesem Punkt stehen, wo du frustriert bist und nur noch auf das andere oder eigene Geschlecht schimpfst. Nimm das Gute mit, nimm deine Polarität mit, arbeite an deinen Standards und Dealbreakern. Sieh diese verbundene Welt, wo es nicht nur das Gute und Böse gibt, sondern alles, wirklich alles im Beziehungsleben von einer höheren Warte aus Sinn ergibt. Je mehr wir frustriert sind vom anderen (oder gleichen) Geschlecht, desto mehr werden wir uns entzweien und ins Ego gehen. Das bringt uns nicht weiter, das hatten wir schon jahrtausendelang. Weder brauchen wir uns neowoker Gleichmacherei hinzugeben, noch müssen wir bei den alten, toxischen Strukturen stehen bleiben.

Wissen Frauen, was sie wollen?

Schon wieder so eine provokante Frage, natürlich könnte man sich fragen: Wissen Männer nicht, was sie wollen? Tatsächlich wissen wir alle oft nicht, was uns wirklich anzieht, sondern sehen das Ergebnis in den realen Partnern, mit denen wir uns verbinden.

Ich habe neulich auf der Social-Media-Plattform TikTok ein wirklich treffendes Kurzvideo gesehen. In diesem wurde die Frage gestellt, auf was wir sexuell eigentlich stehen. Die Antwort lautete: auf das, was du auf deiner Vorschlagsseite siehst. Der Algorithmus von TikTok ist geradezu berühmt dafür, unsere visuellen Bedürfnisse (sprich das, was wir länger anschauen) herauszufinden und uns mehr davon zu zeigen. Das bietet wirklich überraschende Einblicke in die eigenen Präferenzen, wenn man die App längere Zeit nutzt. Tauchen dann zum Beispiel Männer mit V-Form und großen Muskeln auf, wird man das wohl irgendwie anziehend finden. Tatsächlich haben wir nur eine sehr begrenzte Einsicht darin, inwiefern unsere Kindheitsprägungen und genetische Ausstattung uns zu großen Teilen vorgeben, wen wir daten wollen. Doch man kann sich das erschließen, wenn man sich seine ehemaligen Partner vor Augen führt und das eigene Präferenzmuster analysiert.

Ich denke, Männer wissen in der Regel, welchen Typ sie attraktiv finden. Wegen Female Choice haben sie es im Mittel nur viel schwerer, diese Wünsche durchzusetzen. Es gibt zudem keinen Widerspruch hinsichtlich dessen, was Männer denken, was sie wollen, und was »die Gesellschaft« in diesem Zusammenhang für eine Ansicht vertritt.

Bei Frauen sieht das aber etwas anders aus. Die Gesellschaft gibt aktuell vor, eher sanfte, weiche Männer zu daten. Alle Arten von Androgynie, also zwischen den Geschlechtern zu stehen, sind gerade modern. Die Gesellschaft arbeitet immer noch Jahrhunderte von Patriarchat auf, und da wird verständlicherweise gefordert, dass Männer sich von einer »toxischen« Männlichkeit entfernen. Das ist auch wirklich wichtig. Männliche Dominanz und männliche Konkurrenz haben in der Vergangenheit definitiv zu sehr vielen Problemen geführt. Aber wie schon einmal gesagt: Das Kind wird hier mit dem Bade ausgeschüttet. Nur weil man sich eine andere Gesellschaft wünscht, heißt das nicht, dass sich die persönlichen Datingpräferenzen geändert hätten.

Diese Widersprüche führen leider aus meiner Sicht oft dazu, dass man meint, einen bestimmten sanften, eher weichen Männertyp daten zu wollen oder sogar zu müssen. Und eine gewisse soziale Verträglichkeit und Verlässlichkeit sind ja auch wichtige Auswahlkriterien. Wenn man Frauen fragt, welchen Typ Mann sie generell bevorzugen würden, dann hört man oft:

- »Ich wünsche mir einen sehr netten Mann.«
- »Ich will jemanden, der mir viele Geschenke macht.«
- »Er sollte verlässlich sein.«
- »Mein Partner sollte mich auf Händen tragen.«

Wenn man die gleichen Frauen aber fragt, welcher Typ Mann sie aktuell interessiert, wird man meist ganz andere Antworten bekommen. Genannt werden:

- der schweigsame Arbeitskollege, der zwar flirty ist, sich aber nicht in die Karten schauen lässt;
- der erfolgreiche Geschäftsmann, der wegen seines anstrengenden Berufs kaum Zeit für sie hat;
- der eher kühle Surfertyp, der sich nur sehr unregelmäßig meldet.

Das trifft natürlich nicht auf alle Frauen zu! Aber ich erhalte viele E-Mails, die in diese Richtung gehen. Wie kommt es zu diesen Differenzen? Die Antwort lautet, wie du wahrscheinlich schon vermutet hast, auch in diesem Fall wieder: Polarität. Ein Mann, der immer verfügbar ist, immer die Frau auf ein Podest stellt, immer etwas schenkt, ist eben nicht der finale Datingtraum von Frauen. Dieses Verhalten entspricht nicht der männlichen Polarität. Natürlich heißt das nicht, dass man keine freundlichen Männer treffen sollte. Man sollte sich nur klarmachen, dass nett sein allein vielleicht nicht für den »Funken« reicht. Oder man datet tatsächlich ganz bewusst freundliche, »weiche« Männer und trifft absichtlich diese Entscheidung. Das ist dann ein anderes Spiel.

Ich habe großes Verständnis für die beschriebene Verwirrung vieler Frauen. Das konsequente Niederreden polarer Männlichkeit hat offensichtlich seine Spuren hinterlassen. Wenn man Polarität einbezieht, können sowohl Männer als auch Frauen das oft verwirrende Verhalten von einem selbst oder den Datingpartnern viel besser verstehen. Die Königsdisziplin ist dabei, jemanden zu finden, der sowohl sozial verträglich und verlässlich als auch komplett in der Polarität ist. Wenn das auch schwer ist – es gibt keinen Grund aufzugeben.

Die Liberalisierung des Datingmarkts und ihre Folgen

Der Mensch ist seit etwa 10 000 Jahren sesshaft. Erst mit der Sesshaftigkeit konnte er vermehrt Dinge anhäufen. Auch ergab Besitz von Grund und Boden erst jetzt wirklich Sinn, zum Beispiel in Hinsicht auf Ackerfläche. Mit dem neuen Besitz kam das Problem auf, wie man ihn weitergeben kann, und zwar vorzugsweise an die »eigenen« Gene. Auch waren die Menschen in einer neuen Art aufeinander angewiesen. Wenn eine Langzeitbeziehung aufgelöst werden sollte, standen eine Reihe handfester Probleme an. Beide Partner brauchten mehr Sicherheiten, weil es die Strukturen aus der Jäger-und-Sammler-Zeit nun nicht mehr gab.

Nach und nach und schon in der vorchristlichen Zeit entwickelte sich hieraus die Institution der Ehe. Diese erlegte beiden Partnern Pflichten auf, derer man sich nicht so leicht entledigen konnte. Es galt dabei vor allem, wirtschaftliche Risiken abzufedern und weiter für den Schutz der Frau zu sorgen. Sicherlich haben sich auch anderweitig Menschen verliebt, oder es gab außereheliche Beziehungen, aber das Grundkonzept konnte kaum angetastet werden. Nicht mehr ganz so streng zog sich dieses enge Konstrukt bis weit ins 20. Jahrhundert hinein. Die Ehe sorgte auch dafür, dass Frauen und Männer einigermaßen gut aufeinander aufgeteilt wurden.

Im letzten Jahrhundert war es noch sehr lange schwierig, sich scheiden zu lassen. Es war aber zumindest möglich und wurde auch zunehmend »normaler«. Aber noch bis 1977 gab es das sogenannte Schuldprinzip bei der Scheidung. Die lebenslange Ehe sollte weiter nur im Ausnahmefall geschieden werden. Und wenn, dann musste man neben der gesellschaftlichen Ächtung mit vielen wirtschaftlichen Nachteilen rechnen.

Heute, fast 50 Jahre später, sind wir an einem ganz anderen Punkt. Natürlich haben wir noch viele Probleme als Liebespaare. Aber der Staat und die Gesellschaft haben in weiten Teilen dafür gesorgt, dass Trennungen weitaus besser abgefedert werden. Es gibt kaum noch wirtschaftliche Gründe, warum man unbedingt zusammenbleiben sollte. Es ist zwar noch häufig eine Einschränkung, aber keine Katastrophe mehr. Das hat aus der Ehe eine Liebesverbindung gemacht. Aber wie wir alle wissen, halten die meisten Beziehungen nicht ewig.

Wir sind an einem unglaublich spannenden Punkt in unserer Geschichte angekommen: Unsere westliche Gesellschaft tritt romantisch wieder ein in die Zeit der Jäger und Sammler. Unsere eingebauten Sexualstrategien werden sich wieder ungehindert entfalten bzw. tun dies schon längst. Das heißt vor allem:

- Female Choice: Über weite Bereiche ihres Lebens haben Frauen in der Mehrzahl bessere Chancen im Dating.
- Es wird zunehmend Männer geben, die keine Partnerin mehr finden – oder nur mit viel Aufwand.
- Männer wiederum werden sich tendenziell weniger auf exklusive Beziehungen einlassen, weil sie es nicht mehr unbedingt müssen. Viele Männer werden das trotzdem gern mögen, aber es werden von der Anzahl her nicht mehr so viele sein.
- Männer werden vermehrt eine »zweite Runde« drehen, also in vorangeschrittenem Alter nochmals mit einer jüngeren Frau Kinder bekommen. Dies betrifft vor allem Männer mit einem hohen Status.
- Da auch die Stigmatisierung queerer Beziehungen bzw. Vorbehalte gegen neue Beziehungskonzepte abnimmt, wird es viel mehr Vielfalt geben.

6

Spirituelle Aspekte: 5D-Beziehungen und Polarität

Warum die aktuellen Kämpfe 4D-Charakter haben

Im Folgenden möchte ich den Anschluss an mein letztes Buch *Die neue Dimension der Liebe* herstellen, das sehr viele spirituelle Aspekte hatte. Darin habe ich über drei Dimensionen gesprochen, wie sie im spirituellen Bereich oft genannt werden, nämlich die sogenannte dritte bis fünfte Dimension.

Kurz gesagt, ist die dritte Dimension oder 3D die Welt der Täter-Opfer-Beziehungen. Jemand übt Macht, Manipulation oder Gewalt aus, und ein anderer ist das ohnmächtige Opfer davon. Und zu einem anderen Zeitpunkt werden die Rollen getauscht. In dieser Dimension werden wir zwar von unserem Ego geschützt, aber wir identifizieren uns dabei zu sehr mit ihm, sodass wir zeitweise einen wichtigen Zugang zu unserer Seele verlieren.

Die fünfte Dimension oder 5D wäre die Befreiung vom Ego bzw. das Ego darf wieder einen Platz auf der Rückbank einnehmen. Wir lösen uns von unseren gesammelten Programmierungen, den Anhaftungen der letzten Jahrtausende und gehen auf dieser Welt wieder einen Weg der echten Liebe. Ein Blick aus dem Fenster oder ins Handy genügt, um zu erkennen, dass wir an diesem Punkt noch nicht angekommen sind. Es scheint seit der Coronapandemie eher wieder rückwärtszugehen.

Die Phase dazwischen bezeichnet man häufig als die vierte Dimension oder 4D. In ihr befinden wir uns gerade. Es ist eine extrem turbulente Übergangsphase, wo wir zwischen Bewusstseinssprüngen und tiefem Rückfallen in das Ego hin- und herspringen. Wir lassen immer mehr einschränkende Strukturen hinter uns. Wenn man genau hinschaut, kann man erkennen, dass sich alles in einem unglaublich schnellen Wandel befindet. Wir werden noch zu Lebzeiten sehen, wie viel mehr alte Säulen einstürzen werden. Das ist auch gut so, denn so können sich neue 5D-Strukturen etablieren.

Auch im Bereich von Beziehungen haben wir viel geschafft. Wir erkennen zunehmend toxische Beziehungen, selbst wenn das noch nicht heißt, dass man dieses alte Programm mit einem Fingerschnippen beenden kann. Wir sind – zumindest in gewissen Regionen der Welt – das Thema Gleichberechtigung angegangen. Andere Regionen müssen sich das teilweise noch erkämpfen, aber man spürt schon die Energie auf der Welt, dass das Thema Unterdrückung eines Geschlechts nicht mehr zeitgemäß und hoffentlich bald vorbei ist.,

Das sind eigentlich gute Zeichen, doch es stimmt auch, dass die Kämpfe zwischen den Geschlechtern immer noch ziemlich erbittert ablaufen. Nicht alles, was wir gerade in unserer Gesellschaft erleben, ist dabei wirklich so fortschrittlich, wie es scheint. Ich sehe da sehr viel Ego am Werk, wo wieder vorgegeben wird, wie gedacht, gefühlt und gehandelt werden soll. Das ist aber keine echte Freiheit, man verliert sich hier noch in Extremen und ist noch nicht so weit, wirklich liebevolle Lösungen zwischen den Geschlechtern zu finden.

Warum 5D-Beziehungen eine moderne Polarität brauchen

5D-Beziehungen, wie ich sie in Anlehnung an gängige Begriffe aus der Spiritualität genannt habe, sind auf echter Liebe (auch Selbstliebe) und nicht auf Mangel und Manipulationen des Egos beruhende Verbindungen. Da wir von unserer wahren, liebevollen Natur abgeschnitten sind, empfinden wir einen intensiven Mangel. Diesen meinen wir manipulativ ausnutzen zu müssen, da wir nicht glauben können, dass wir ohne Vorbedingungen einfach geliebt werden können und dürfen. Wir brauchen uns nichts zu »nehmen«. Dieser als falsch empfundene Mangel führt erst dazu, dass wir das Gefühl haben, andere irgendwie austricksen zu müssen. Wenn wir wirklich an unsere spirituelle Heimat angeknüpft wären, würden wir das Thema ganz anders sehen. Doch vielleicht ist es noch ein weiter Weg dahin.

Wenn man hier und da etwas über 5D-Beziehungen liest, dann schleicht sich schnell eine falsche Vorstellung davon ein. Eine liebevolle 5D-Beziehung zu führen heißt nicht, dass wir engelsgleich über die Wiese schweben. Nichts könnte falscher sein. Wir sind ja nach wie vor in diesem physischen Körper – und das ist auch gut so und so gewollt. Und dieser Körper gibt nun einmal bestimmte Dinge vor, zum Beispiel, dass man essen, trinken und schlafen muss. Ebendas ist das Spannende an unserer Erfahrung auf der Erde. Und da der Körper so viel Einfluss hat, wird es auch weiter das Thema Polarität geben. Egal, wie sehr du in der Liebe bist, solch eine engelhaft-friedvolle Beziehung würde wohl schnell fade werden. So sind wir als Menschen gepolt, und ich sehe nicht, dass sich das in absehbarer Zeit ändern wird.

Wir kommen in heftige Schwierigkeiten, wenn wir erwarten, dass unsere Beziehung glücklich verläuft, nur weil wir versuchen, möglichst »heilig« zu sein. Wie eben schon gesagt: Leider wird sie trotz aller spirituellen Bemühungen langweilig. Wir können einfach nicht aus unserer Haut. Ich beobachte das auch häufig in der »spirituellen« Szene. Es wird hier immer wieder die reine Liebe beschworen, aber die jeweiligen Partner sind offenbar doch nach exakt den gleichen Aspekten ausgewählt wie die anderer Menschen auch. Es sind die gleichen Sexualstrategien, wie wir sie in diesem Buch besprochen haben.

Es werden zudem andauernd die berühmten »Seelenpartner« beschworen. Man ist also nicht einfach ganz normal verliebt, sondern der Partner ist eigentlich der andere Teil der eigenen Seele. Letztlich weiß natürlich niemand genau, was für Verbindungen es hinter den Kulissen unserer Welt gibt. Aber wenn es wirklich um die reine Seelenliebe gehen würde, dann könnte der betreffende Mensch ja auch 50 Jahre jünger oder älter sein, einen stark divergierenden Status oder einen ungleichen Attraktivitätslevel haben. Aber »überraschenderweise« kommt das nicht vor. Die Auswahl der »Seelenpartner« erfolgt nach den bekannten Mustern und Präferenzen.

Natürlich kann, darf und muss es mehr Liebe auf der Welt geben. Wir sehnen uns alle danach, dass das Ego zurücktritt und echte Herzlichkeit einzieht. Wenn wir zugleich leidenschaftlich sexuell leben wollen, müssen wir unserer Körperlichkeit jedoch den Tribut zollen, dass wir nicht jeden gleichermaßen anziehend finden. Die Königsklasse, die Champions League der Beziehungswelt wird die Kombination von echter Liebe und knisternder Polarität sein.

Warum wir auf ein weiblicheres Zeitalter zulaufen

Mit diesem Buch hast du ein Plädoyer für die wunderbare Welt weiblicher und männlicher Energie in der Hand. Wir haben all die Probleme rund um Female Choice erörtert.

Doch wie sieht das Bild aus, wenn wir noch weiter herauszoomen und einen höheren Blickwinkel einnehmen?

Wenn man auf die menschliche Geschichte seit der Sesshaftwerdung blickt, dann erkennen wir tatsächlich ein Übermaß männlicher Energie. Es lässt sich nicht leugnen, dass die dunklen Aspekte der männlichen Polarität wie Kampf und Ausgrenzung, Spalten und Dominieren unsere Welt bestimmt haben. Männlich geprägte Konstrukte wie zum Beispiel die Institution der Kirche (die offensichtlich nicht nur Liebe predigt) haben unsere Beziehungen so gelenkt, dass eher männliche Interessen gestärkt wurden.

Wie es vor der Sesshaftigkeit war, ist schwer zu sagen, weil schlicht die Daten dazu fehlen. Definitiv gab und gibt es aber teilweise matriarchale Strukturen, und diese haben offenbar gut funktioniert. Die Zukunft wird weiblicher werden. Dabei geht es nicht darum, dass die Frauen die Herrschaft übernehmen. Es geht darum, weiblich polare Qualitäten stärker in alle Lebensbereiche einzubringen. Auch unser durch Konkurrenzkampf und Gier gebeutelter Planet kann gut mehr weibliche Polarität gebrauchen, die ja die Polarität des Nährens und Kümmerns ist.

Insofern kann man wirklich nur begrüßen, dass unser Zeitalter schon jetzt weiblicher wird. Es verhält sich einfach so, dass das Pendel aus einer Extremlage mit Schwerpunkt auf der Männlichkeit wieder ins Zentrum rückt, in eine Normallage. Vielleicht schwingt das Pendel auch mal auf die andere Seite, aber das ist nicht tragisch. Die Männer müssen keine Angst haben, jetzt von Frauen dominiert zu werden. Das würde uns als Menschheit schon deswegen überhaupt nicht weiterbringen, da es ja nur wieder die männliche Polarität wäre – durch Frauen ausgeübt. Das wäre kein Fortschritt. Wir sollten aber auch nicht den Fehler machen, weibliche Energien nun auf ein Podest zu stellen. Ohne die Polaritäten gegeneinander aufwiegen zu wollen (das kann man auch nicht): Weibliche Energie kann ebenso schattenhaft und vernichtend sein, wenn auch auf eine andere Weise. Wir sind aktuell an einem Punkt in unserer Geschichte angekommen, von dem aus wir uns wirklich weiterentwickeln können. Das geht aber nicht aus dem Ego oder allein aus dem Verstand. Wir müssen unsere wunderbare Biologie, das Wunder der körperlichen Liebe auf diesem Weg schon mitnehmen, sonst werden wir scheitern.

Warum wir dennoch weibliche und männliche Seiten ausgleichen sollten

In diesem Buch haben wir uns in aller Ausführlichkeit mit dem spannenden Thema der Polarität befasst. Wir haben untersucht, warum es vor allem beim Dating günstig ist, auf seine Lieblingspolarität zu hören und diese zu genießen. Zoomen wir an diesem Punkt nochmals heraus, um eine höhere Warte einzunehmen.

In meinem letzten Buch *Die neue Dimension der Liebe* haben wir uns intensiv mit dem wegweisenden Psychoanalytiker

C. G. Jung beschäftigt. Er hat völlig zu Recht die Wichtigkeit der eigenen Persönlichkeitsentwicklung betont. Sie geht aus seiner Sicht zunehmend in die Vervollständigung. Diesen Prozess nennt er Individuation. Wir integrieren dabei Bewusstes und Unbewusstes immer mehr und verschieben damit unser wahrgenommenes Zentrum der Persönlichkeit. Wir beleuchten die Persönlichkeitsanteile, die wir bisher noch nicht richtig wahrgenommen haben, aus denen wir aber trotzdem handeln. Diese unbewussten Anteile nennt Jung den Schatten.

Ein essenzieller Bestandteil der Individuation ist die Integration unserer männlichen und weiblichen Anteile. Jung nennt diese innerpsychischen Konstrukte Anima und Animus. Der Mann begegnet der weiblichen Energie (Anima) und setzt sich mit ihr auseinander, analog die Frau mit der männlichen Kraft (Animus). Nach Jung entspringen diese Konstrukte dabei nicht so sehr der persönlichen Psyche, sondern sind sogenannte Archetypen, also grundlegende Konzepte und Energien, die allen Menschen zur Verfügung stehen und zum sogenannten kollektiven Unbewussten gehören. Aus unserer Sicht in Bezug auf die Polarität könnte man sagen, sie sind Repräsentanzen der universellen weiblichen und männlichen Energien in unserer Dimension.

Wenn wir also auf die Gesamtheit unseres Lebens schauen, dann haben wir vielleicht immer noch ein reales oder gewähltes soziales Geschlecht, aber wir tun gut daran, beide Energiestränge zu erforschen und händeln zu lernen. Sie stehen uns definitiv offen, das ist überhaupt keine Frage. Wir können zwar eine Energie von uns wegschieben, aber wir werden dann nicht unser volles Potenzial verwirklichen.

Wenn ein Mann aufgrund eines unglücklichen Schicksals seinen Nachwuchs schon vom ersten Lebensjahr an großziehen muss, dann gelingt ihm das nur, wenn er auch Zugang zu seiner weiblichen, versorgenden, nährenden Polarität hat. Man kann nicht auf kernig-männliche Weise einen Säugling versorgen, zumindest nicht auf der emotionalen Ebene. Analog gilt: Wenn eine Frau in einem männlich dominierten Konzern in die Führungsspitze aufsteigen will, dann darf und sollte sie ihre männliche Seite dafür nutzen.

Ich wünsche dir, dass du beide Seiten in dir schätzen und nutzen lernst. Je nach Lebenssituation kannst du frei wählen und so ganz spielerisch dein volles Potenzial entfalten. Dafür brauchst du keine Erlaubnis, keine Genderbewegung, kein Wokesein, du allein bestimmst aufgrund deiner persönlichen Erfahrungen, wie du zu diesem speziellen Zeitpunkt am liebsten agieren möchtest. Manchmal sind das vielleicht praktische oder rationale Erwägungen, wenn es etwa um den Beruf geht. Im Falle des Datings sind es meist emotionale Entscheidungen, wie es sich für dich einfach am stimmigsten anfühlt.

Sowohl psychologisch als auch spirituell – alles deutet darauf hin, dass wir erst mit beiden Polaritäten unsere volle Kraft als Individuum entfalten!

Auch wenn wir in Zukunft viele (soziale) Geschlechter haben, glaube ich nicht, dass wir eine weitere »dritte« Polarität entdecken werden. Ich wüsste beim besten Willen nicht, wie das aussehen sollte. Wenn du dich zu sehr an den Begriffen störst, nutze gern allgemeine Bezeichnungen wie Yin und Yang. Wann immer ich höre, dass Menschen ihre sozialen Geschlechter definieren, findet es auf dieser Yin-Yang-Ebene bzw. in Abgrenzung davon statt, aber ich habe noch kein völlig frei definiertes soziales Geschlecht jenseits davon beobachten können. Wie schon einmal erwähnt: Die moderne Genderdebatte ist geradezu besessen von Polaritäten. Ohne diese anzunehmen oder abzulehnen, könnte man das Konstrukt auch gar nicht definieren. Wie würde jemandem auffallen, dass eine Person gegen Genderkonventionen angeht, wenn er/sie sich nicht ständig darüber definiert? Natürlich kannst du das alles für dich ablehnen, aber zumindest im Datingbereich wird es dich mit hoher Wahrscheinlichkeit eher behindern als weiterbringen.

Nun möchte ich dich noch zu einer letzten Übung einladen.

Meditation: Erforsche deine Polarität

Diese Meditation dient dazu, deine Polarität zu erkunden. Mach es dir dazu im Sitzen oder Liegen gemütlich und lasse den Alltag hinter dir. Lasse dich einfach atmen. Um deine Gedanken besser loszulassen, fokussiere dich auf den Raum zwischen ihnen, auf die Leere dazwischen. Ziel ist, möglichst vorurteilsfrei in die folgende Meditation zu gehen.

Entscheide dich jetzt für eine Polarität, die du erforschen möchtest. Nehmen wir beispielsweise an, es ist die männliche. Stelle dir dazu Männer vor, die für dich ganz persönlich polar sind. Wichtig ist, nicht zu lange darüber nachzudenken. Es kann schlicht ein Freund oder Nachbar sein, den du polar findest. Du kannst auch an polare Rollen in Filmen denken, zum Beispiel an Tom Cruise in *Top Gun*, Humphrey Bogart in *Casablanca*, *Rocky* etc. Schlüpfe nun in diese Rollen hinein: Flieg das Kampfflugzeug, versetz dich ins Casablanca aus dem Film, bereite dich innerlich auf einen Boxkampf vor. Auch wenn du Kriegsdienstverweigerer bist, egal – es ist ja nur die Fantasie. Stell dir vor, eine Mission erfolgreich zu absolvieren. Mal es dir ruhig drastisch aus. Fühl die männliche Kraft in dir, wie das Adrenalin durch deine Adern jagt, wie lebendig du bist. Stell dir dann vor, wie du mit dieser Energie ein Date hast, das sich plötzlich ergibt. Wie fühlt sich das an?

Wenn du die weibliche Polarität explorieren möchtest, gehe analog vor. Beispiele für sie sind noch vielfältiger und persönlicher. Da die weibliche Polarität in der Gesellschaft gern mit Schwäche verwechselt wird, trauen wir uns kaum, uns Vorbilder zu nehmen. Wir könnten an die weiblichen Gegenüber in den genannten Filmen denken, aber auch an Personen wie Kleopatra, Marilyn Monroe und Scarlett Johansson oder eben an deine polare Nachbarin oder Freundin. Male dir auch hier ein kraftvolles polares Leben in deinen Gedanken aus und stell dir dann vor, du gehst mit dieser Energie in ein Date.

Wie fühlt sich das an? Es macht Spaß, nicht wahr? Zumindest wenn man die Schuldgefühle runterschlucken kann, dass man angeblich nicht modern genug ist. Es ist eigentlich ganz einfach: Du bist da in deiner richtigen Polarität, wo es dir so richtig ungebremsten Spaß macht!

Schluss: Alles hängt zusammen

Abschließend möchte ich nochmals auf unsere anfänglichen Betrachtungen zum Wesen der Polarität zurückkommen und deutlich machen, dass es das eine ohne das andere nicht geben würde. Es gäbe keinen Tag ohne die Nacht, keinen Morgen ohne den Abend, keine Kälte ohne Hitze. Und so gibt es die Polarität von weiblich und männlich als Gegensätze, die sich wechselseitig brauchen und ergänzen. Und sich auch lieben wollen: körperlich, geistig, seelisch und spirituell. Polarität ergibt erst im Zusammenspiel mit einer anderen Person einen Sinn. Leider waren die letzten Tausende von Jahren immer wieder von einem Kampf der Geschlechter geprägt, aus dem seit der Sesshaftigkeit oft die Frau als Verlierer hervorgegangen ist. Bis heute scheint dieser Kampf unvermindert anzuhalten, fast scheint er noch an Schwung gewonnen zu haben.

Dennoch stehen wir definitiv an einer Zeitenwende. All die realen oder scheinbaren Notwendigkeiten von Ehe und Beziehungen seit dem Aufkommen des Ackerbaus sind mehr oder weniger hinfällig. Wir dürfen beobachten, wie diese neue Freiheit, die es noch nicht überall auf der Erde gibt, Form annehmen wird. Wir sind vielleicht die erste Generation, die erleben wird, wie sich Menschen vor Zeiten des Ackerbaus gefunden, gedatet und geliebt haben.

Dieser Geschlechterkampf währt fort. Es dauert nun einmal, generationsübergreifende Wunden zu heilen, aber dieser Prozess ist in vollem Gange. Man merkt einfach, dass das Gegeneinander keinen wirklichen Sinn ergibt. Ebenso ist es sinnlos, aus Wokeness oder Pseudomodernität neue Regeln aufzustellen. Arbeiten wir doch weiter an der realen Gleichstellung aller Geschlechter und überlassen alles andere den so lange erprobten biologischen Programmen in uns. Wenn Jungen trotz aller Gendererziehung lieber mit Autos spielen, dann sollte es in Ordnung sein. Und wenn es ein gewisser Prozentsatz der Jungen nicht macht, dann auch.

Ich empfehle wirklich nachdrücklich, sich von zu viel Opferdenken zu befreien. Wenn dein Datingleben nicht so läuft, wie du es dir wünschst, dann frage dich, warum du die Hindernisse eventuell angezogen oder zumindest zu lange in deinem Leben toleriert hast. Immer wieder auf »die Frauen« oder »die Männer« zu zeigen wird dich auf die Dauer nicht weiterbringen und dein Datingleben nicht bereichern. Letztlich wollen wir alle das Gleiche, nämlich glückliche, freundschaftliche, aber auch leidenschaftliche Beziehungen führen. Das ist zwar manchmal ein bisschen wie die Quadratur des Kreises, aber man kann sich da hinarbeiten. Wir kommen auch in einem Zeitalter an, wo wir die Verantwortung übernehmen dürfen, auch wenn das unangenehm sein kann.

Wenn du vor 100 Jahren aus deiner Ehe nicht ausbrechen konntest, dann lag das in hohem Maß an den Umständen. Vielleicht musstest du einen Menschen heiraten, den andere für dich ausgesucht haben. Es gibt immer noch Länder, wo das der Fall ist, aber ich bin sicher, dass sich das auch da ändern wird. Wenn du heute mit der falschen Person zusammen bist, deine Beziehungen einfach nur langweilig sind oder Menschen dich immer wieder nur als »Freund« haben wollen, dann musst du vor allem bei dir selbst schauen. Kein Gesetz verbietet heutzutage, schöne und aufregende Beziehungen zu führen. Aber es sagt uns zugleich niemand mehr, was wir tun *sollen.* Wir müssen selber entscheiden, und das ist ungewohnt für uns. Dabei dürfen wir stets sagen, was wir wollen. Die Zeit von heimlichen Dreiecksbeziehungen wird auch irgendwann zu Ende gehen. Das ist einfach keine hochschwingende Lösung.

Alle Menschen sind beim Dating voneinander abhängig! Das wird in vielen Diskussionen über die »bösen« Partner immer wieder gern vergessen. Kann man Männern einen Vorwurf machen, wenn sie viel arbeiten oder sich um ihren Status sorgen, weil sie instinktiv wissen, dass Frauen danach selektieren? Sind Frauen automatisch oberflächlich, wenn sie viel Energie in ihr Äußeres stecken, weil sie wissen, dass Männer visuelle Wesen sind? Wenn wir wollen, dass sich Dinge ändern, dann müssen wir als Erstes damit aufhören, die Menschen auszusuchen, die ein problematisches Verhalten zeigen.

Ich hoffe, dir ist bei der Lektüre dieses Buches klar geworden, dass du nur Feuer und Flamme für dein Date oder deinen Partner sein kannst, wenn die Polarität vorhanden ist. Versuche nicht, gegen den Strom zu schwimmen und das

Thema zu ignorieren, nur weil vielleicht irgendein temporärer gesellschaftlicher Mainstream das möchte. Lass dich tief in deine Polarität fallen und genieße dieses wunderbare Spiel der Energien. Aber hab dabei klare Standards und Dealbreaker und toleriere keinerlei toxisches oder manipulatives Verhalten. Deine eigenen Ziele und Werte sollten immer ein bisschen höher stehen als der aktuelle Partner, aber bleib auf dem Boden und erwarte nicht mehr, als du selber geben kannst. Nutz das Thema Polarität zu deinen Gunsten, sieh es als eines der schönsten, verrücktesten Spiele auf dieser Erde.

Wenn du mehr in die Tiefe gehen möchtest, findest du mein umfangreiches Angebot an Seminaren und Onlinekursen – natürlich auch zum Thema Polarität – auf www.liebeschip.de. Ergänzend möchte ich dir meine vorherigen Bücher ans Herz legen.

Ich freue mich, wenn du mir auch auf Social Media folgst:

Youtube.com/hemschemeier
Instagram.com/liebeschip
TikTok.com/@liebeschip
Twitter.com/liebeschip
Twitch.tv/liebeschip

Und jetzt wünsche ich dir ein glückliches Beziehungs- oder Datingleben, in dem deine Seele tief verbunden mit deiner einzigartigen Polarität ist. Das ist einer der wunderbarsten Aspekte unseres Seins.

Anhang

Endnoten

1 Alle Paargeschichten sind natürlich komplett anonymisiert. Das heißt, dass die Namen nicht stimmen und auch die Geschichten so verändert wurden, dass der Kernkonflikt sichtbar wird, aber Detailinformationen mit denen anderer Paare durchmischt wurden.
2 Vgl. https://youtu.be/1rkjSAw4GOc [Stand: 19.04.2023].
3 Vgl. https://youtu.be/vHW5HwPuxfo [Stand: 19.04.2023].
4 Vgl. ElitePartner 2021.
5 Vgl. ElitePartner 2013.
6 Vgl. IMABE 2022.
7 Vgl. ebd.
8 Vgl. »Divers« 2023.
9 Vgl. LemonSwan 2021.
10 Vgl. Labuda et al. 2010.
11 Vgl. Vorsamer 2016.
12 Vgl. Lee et al. 2020.
13 Vgl. Kopf 2017.
14 Vgl. worst-online-dater 2015.
15 Vgl. ebd.
16 Vgl. Nersinger o. J.
17 Vgl. ebd.
18 Vgl. Giolla/Kajonius 2019.
19 Vgl. Giolla/Kajonius 2018.
20 Vgl. Rulifson/Bielefeldt 2017.
21 Vgl. Hell/Päßler 2011.
22 Vgl. ebd.
23 Vgl. Fiebert 2014.
24 Vgl. Nuzzo 2020.
25 Siehe hierzu auch Schacht/Kramer 2019.
26 Vgl. Bruch/Newman 2018.
27 Vgl. Buss 2016.
28 Vgl. Hengerer 2019.
29 Vgl. Bruch/Newman 2018.

30 Vgl. Gangestad/Thornhill 1998.
31 Vgl. Arslan 2021.
32 Vgl. Bruch/Newman 2018.
33 Vgl. Fallon/Rozin 1985.
34 Vgl. Singh 1993.
35 Vgl. Buss 2016.
36 Vgl. Whitchurch et al. 2011.
37 Vgl. LemonSwan 2021.
38 Vgl. Gul/Kupfer 2019.
39 Iselin 2015.
40 Den Kurs findest du unter: https://www.liebeschip.de/store/cexFkMDW [Stand: 19.04.2023].

Literaturverzeichnis

Arslan, R. C.; Schilling, K. M.; Gerlach, T. M.; Penke, L.: »Using 26 000 diary entries to show ovulatory changes in sexual desire and behavior«, *Journal of Personality and Social Psychology 121*,2 (2021), S. 410–431, unter: https://doi.org/10.1037/pspp0000208 [Stand: 01.05.2023].

Bruch, Elizabeth; Newman, M.: »Aspirational pursuit of mates in online dating markets«, in: *Sci. Adv.* 4 (2018), unter: https://www.science.org/doi/10.1126/sciadv.aap9815 [Stand: 01.05.2023].

Buss, David M.: *The Evolution of Desire. Strategies of Human Mating*, New York: Basic Books [4]2016.

Divers (2023): Wikipedia, unter: https://de.m.wikipedia.org/wiki/Divers [Stand: 19.04.2023].

ElitePartner: Bevölkerungsrepräsentative Studie 2013, unter: https://www.presseportal.de/pm/55165/2581130 [Stand: 19.04.2023].

ElitePartner: Bevölkerungsrepräsentative Studie 2021, unter: https://www.elitepartner.de/studien/emanzipation-und-dating/ [Stand: 19.04.2023].

Fallon, A. E.; Rozin, P.: »Sex differences in perceptions of desirable body shape.«, in: *Journal of Abnormal Psychology 94*,1 (1985), S. 102–105, unter: https://doi.org/10.1037/0021-843X.94.1.102 [Stand: 01.05.2023].

Fiebert, Martin: »References Examining Assaults by Women on Their Spouses or Male Partners: An Updated Annotated Bibliography«, in: *Sexuality and Culture* 18 (2014), S. 405–467, unter: https://link.springer.com/article/10.1007/s12119-013-9194-1 [Stand: 01.05.2023].

Gangestad, Steven W.; Thornhill, Randy: »Menstrual cycle variation in women's preferences for the scent of symmetrical men«, in: *Proc Biol Sci. 265 (1998), S. 927–933, unter:* https://doi.org/10.1098/rspb.1998.0380 [Stand: 01.05.2023].

Giolla, Erik Mac; Kajonius, Petri J.: »Personality differences between the sexes are largest in the most gender equal countries«, *University of Gothenburg*, 02.10.2018, unter: https://www.gu.se/en/news/personality-differences-between-the-sexes-are-largest-in-the-most-gender-equal-countries [Stand: 13.05.2023].

Giolla, Erik Mac; Kajonius, Petri J.: »Sex differences in personality are larger in gender equal countries: Replicating and extending a surprising finding«, in: *International Journal of Psychology 54 (2019), S. 705–711, unter:* https://doi.org/10.1002/ijop.12529 [Stand: 01.05.2023].

Gul, P.; Kupfer, T. R.: »Benevolent Sexism and Mate Preferences: Why Do Women Prefer Benevolent Men Despite Recognizing That They Can Be Undermining?«, in: *Personality and Social Psychology Bulletin* 45,1 (2019), S. 146–161, unter: https://doi.org/10.1177/0146167218781000 [Stand: 01.05.2023].

Hell, Benedikt; Päßler, Katja: »Are occupational interests hormonally influenced? The 2D:4D-interest nexus«, in: *Personality and Individual Differences* 51, 4 (2011), S. 376–380, unter: https://doi.org/10.1016/j.paid.2010.05.033 [Stand: 01.05.2023].

Hengerer, Gesa: »Welche evolutionären Gründe gibt es für Homosexualität?«, *Wissenschaft im Dialog*, 02.05.2019, unter: https://www.wissenschaft-im-dialog.de/projekte/wieso/artikel/beitrag/welche-evolutionaeren-gruende-gibt-es-fuer-homosexualitaet/ [Stand: 01.05.2023].

Institut für Medizinische Anthropologie und Bioethik (IMABE): »Mehr Sachlichkeit: Deutsche Wissenschaftler kritisieren Transgender-Hype bei Kindern«, *Bioethik aktuell*, 11.06.2022, unter: https://www.imabe.org/bioethikaktuell/einzelansicht/mehr-sachlichkeit-deutsche-wissenschaftler-kritisieren-transgender-hype-bei-kindern [Stand: 19.04.2023].

Iselin, Kate: »Why I won't date another ›male feminist‹«, *Guardian*, 19.10.2015, unter: https://www.theguardian.com/commentisfree/2015/oct/19/why-i-wont-date-another-male-feminist [Stand: 01.05.2023].

Kopf, Dan: »These statistics show why it's so hard to be an average man on dating apps«, *Quartz*, 15.08.2017, unter: https://qz.com/1051462/these-statistics-show-why-its-so-hard-to-be-an-average-man-on-dating-apps [Stand: 13.05.2023].

Labuda, Damian et al.: »Female-to-Male Breeding Ratio in Modern Humans – an Analysis Based on Historical Recombinations«, in: *AJHG* 86 (2010), S. 353–363, siehe unter: https://doi.org/10.1016/j.ajhg.2010.01.029 [Stand: 19.04.2023].

Lee, Jason; Seymour, Matthew; Marie, Julianna: »Online Dating By the Numbers«, *Healthy Framework*, 24.11.2020, unter: https://healthyframework.com/dating/advice/online-dating-statistics/ [Stand: 19.04.2023].

LemonSwan: Bevölkerungsrepräsentative Studie 2021, unter: https://lemonswan.de/ratgeber/partnersuche/wer-zahlt-beim-ersten-date [Stand: 19.04.2023].

Nersinger, Gerd: »Das Dating Dilemma der Männer – Die 80-20-Regel«, *Fotoscore*, o. J., unter: https://fotoscore.de/article-dilemma-80-20/ [Stand: 13.05.2023].

Nuzzo, James: »Bias against men's issues within the United Nations and the World Health Organization: A content analysis«, in: *Psychreg Journal of Psychology* 4,3 (2020), S. 120–150, unter: https://doi.org/10.5281/zenodo.4298815 [Stand: 01.05.2023].

Rulifson, Greg; Bielefeldt, Angela: »Motivations to Leave Engineering: Through a Lens of Social Responsibility«, in: *Engineering Studies* 9,3 (2017), S. 222–248, unter: https://doi.org/10.1080/19378629.2017.1397159 [Stand: 01.05.2023].

Schacht, Ryan; Kramer, Karen: »Are We Monogamous? A Review of the Evolution of Pair-Bonding in Humans and Its Contemporary Variation Cross-Culturally«, in: *Front. Ecol. Evol.* 7 (2019), unter: https://doi.org/10.3389/fevo.2019.00230 [Stand: 01.05.2023].

Singh, Devendra: »Adaptive Significance of Female Physical Attractiveness: Role of Waist-to-Hip Ratio«, in: *Journal of Personality and Social Psychology* 65 (1993), S. 293–307, unter: https://doi.org/10.1037/0022-3514.65.2.293 [Stand: 01.05.2023].

Vorsamer, Barbara: »Frauen, die nichts bereuen«, *Süddeutsche Zeitung*, 16.08.2016, unter: https://www.sueddeutsche.de/leben/kinderlosigkeit-frauen-die-nichts-bereuen-1.3117997 [Stand: 19.04.2023].

Whitchurch, E.; Wilson, T.; Gilbert, D.: »›He Loves Me, He Loves Me Not …‹: Uncertainty Can Increase Romantic Attraction«, in: *Psychological Science* 22,2 (2011), S. 172–175, unter: https://doi.org/10.1177/0956797610393745 [Stand: 01.05.2023].

worst-online-dater: »Tinder Experiments II: Guys, unless you are really hot you are probably better off not wasting your time on Tinder — a quantitative socio-economic study«, *Medium*, 25.03.2015, unter: https://medium.com/@worstonlinedater/tinder-experiments-ii-guys-unless-you-are-really-hot-you-are-probably-better-off-not-wasting-your-2ddf370a6e9a [Stand: 13.05.2023].

Register